Bibliografische Information der Deutschen Nationalbibliothek:

Die Deutsche Bibliothek verzeichnet diese Publikation in der Deutschen National-
bibliografie; detaillierte bibliografische Daten sind im Internet über http://dnb.d-
nb.de/ abrufbar.

Impressum:

Copyright © 2012 GRIN Verlag
Druck und Bindung: Books on Demand GmbH, Norderstedt Germany
ISBN: 9783656325932

Dieses Buch bei GRIN:

https://www.grin.com/document/204662

Simon Koch

ECM in der Cloud – Potenziale und Risiken

GRIN Verlag

GRIN - Your knowledge has value

Der GRIN Verlag publiziert seit 1998 wissenschaftliche Arbeiten von Studenten, Hochschullehrern und anderen Akademikern als eBook und gedrucktes Buch. Die Verlagswebsite www.grin.com ist die ideale Plattform zur Veröffentlichung von Hausarbeiten, Abschlussarbeiten, wissenschaftlichen Aufsätzen, Dissertationen und Fachbüchern.

Besuchen Sie uns im Internet:

http://www.grin.com/

http://www.facebook.com/grincom

http://www.twitter.com/grin_com

ECM in der Cloud – Potenziale und Risiken

Diplomarbeit

im Rahmen des Fernstudienganges „Betriebswirtschaftslehre"

mit dem Abschluss „Diplom Betriebswirt (FH)"

an der PFH – Privaten Hochschule Göttingen

Vorgelegt am: 31.08.2012

Von: Simon Koch

Inhaltsverzeichnis

Abkürzungsverzeichnis

AG:	Aktiengesellschaft
AIIM:	Association for Information and Image Management
BD-R:	Blu-ray Disc Recordable
BDSG:	Bundesdatenschutzgesetz
BI:	Business Intelligence
BPM:	Business Process Management
CC:	Cloud-Computing
CD-R:	Compact Disc Recordable
CD-RW:	Compact Disc ReWritable
CEO:	Chief Executive Officer
CI:	Coded-Information
COLD:	Computer Output on Laserdisk
COLLAB:	Collaboration
CM:	Content Management
CMS:	Content Management System
CRM:	Customer Relationship Management
DAT:	Digital Audio Tape
DDS:	Digital Data Storage
DLT:	Digital Linear Tape
DM:	Dokumenten-Management
DMS:	Document Management System
DVD:	Digital Versatile Disk
EAI:	Enterprise Application Integration
ECM:	Enterprise Content Management
ECMS:	Enterprise Content Management System
EDI:	Electronic Data Interchange
EIM:	Enterprise Information Management
ERM:	Enterprise Report Management
ERP:	Enterprise Resource Planning
EU:	Europäische Union
EWR:	Europäischer Wirtschaftsraum
FC:	Fibre Channel
GDPdU:	Grundsätze zum Datenzugriff und zur Prüfbarkeit digitaler Unterlagen
HRM:	Human Resources Management
HTTP:	Hypertext Transfer Protocol

IaaS:	Infrastructure as a Service
ICR:	Intelligent Character Recognition
I/O:	Input/Output
IP:	Internet Protocol
IT:	Informationstechnik (engl. information technology)
LAN:	Local Area Network
LDAP:	Lightweight Directory Access Protocol
LTO:	Linear Tape-Open
NAS:	Network Attached Storage
NCI:	Non-Coded-Information
OCR:	Optical Character Recognition
OMR:	Optical Mark Recognition
PaaS:	Platform as a Service
PDF:	Printable Document Format
PKI:	Public Key Infrastructure
RAID:	Redundant Array of Independent Disks
RDBMS:	Relational Database Management System
RM:	Records Management
SaaS:	Software as a Service
SAN:	Storage Area Network
SCSI:	Small Computer System Interface
iSCSI:	internet Small Computer System Interface
SMB:	Small and Medium-sized businesses
SOA:	Serviceorientierte Architektur
SOAP:	Simple Object Access Protocol
SOX:	Sarbanes Oxley Act
TCO:	Total Cost of Ownership
UDO:	Ultra Density Optical
VPN:	Virtual Private Network
WAN:	Wide Area Network
WCM:	Web Content Management
WCSM:	Web Content Management System
WF:	Workflow
WSDL:	Web Services Description Language
XML:	Extensible Markup Language

Abbildungsverzeichnis

Tabellenverzeichnis

1 Einleitung

„Obwohl wir weiterhin davon überzeugt sind, in einer Industriegesellschaft zu leben, sind wir in Wirklichkeit auf dem Weg zu einer Gesellschaft, die auf Erstellung von Informationen und deren Verbreitung basiert."[1]

Die Mobilität der Menschen kennt keinen Stillstand. Smartphones und Tablets sind längst in unserem Alltag angekommen und geben uns die Sicherheit nahezu überall und zu jeder Tageszeit auf Informationen zugreifen zu können. Cloud-Dienste geben uns im privaten Umfeld Sicherheit persönliche Daten nicht durch einen Hardwaredefekt der eigenen Festplatte zu verlieren und an „IPTV" oder „Video on Demand" hat man sich unlängst gewöhnt. Im Büroalltag vermisst man diese Gewohnheiten schmerzhaft, kann man auf geschäftsrelevante Informationen in bestimmten Situationen nicht zugreifen, z. B. vor Ort beim Kunden. Enterprise Content Management, kurz ECM, verschreibt sich der Aufgabe Unternehmen dabei zu unterstützen die Vielzahl an Informationen jeglicher Quellen zu organisieren und am Ort des Bedarfs bereitzustellen. Als Dokumenten-Management-System wird Enterprise Content Management bereits heute von unzähligen Unternehmen eingesetzt. Auch in Zukunft ist zu erwarten das Unternehmen in ECM-Lösungen investieren werden, um Prozesse informationstechnisch zu unterstützen und von einer zentralen Informationsplattform zu profitieren.[2] Cloud-Computing steht zurzeit stark im Mittelpunkt aktueller IT-Trends. Bei Unternehmen werden die Erwartungen geweckt durch Cloud-Computing über eine Lösung zu verfügen, um Dienstleistungen flexibel und ohne Fixkosten einzukaufen, um sich anschließend ganz auf die eigene Kernkompetenz konzentrieren zu können. In Verbindung mit Enterprise Content Management entsteht so die Vision den Ansprüchen einer mobilen sowie flexiblen Organisation der eigenen Informationen durch einen ECM-Cloud-Dienst gerecht zu werden. Doch bereits bei der Entscheidung über Eigen- oder Fremdbetrieb von Cloud-Diensten gilt es Risiken und offene Herausforderungen zu berücksichtigen.

Die vorliegende Arbeit hat das Ziel die Potenziale und Risiken des Enterprise Content Management im Verbund mit Cloud-Computing aufzuzeigen. Dazu werden zunächst Grundlagen des Enterprise Content Management erörtert, um ein besseres Verständnis zu geben, was ECM ist, welche Möglichkeiten es bietet und welche rechtlichen Anforderungen zu berücksichtigen sind. In Kapitel 3 werden Grundlagen zum Cloud-Computing vermittelt. Im Anschluss erfolgt eine Einführung wie sich ECM in der Cloud darstellt, was Kunden erwarten und welche Möglichkeiten sich grundlegend bieten. IT-Segmente mit einer hohen Eignung für ECM-Cloud-Dienste werden vorgestellt und erläutert sowie aktuell verfügbare ECM-Cloud-Lösungen verschiedener ECM-Anbieter. Darauf aufbauend werden die Potenziale und Risiken einer ECM-Cloud-Lösung in verschiedenen Kategorien vorgestellt. Abschließend wird eine Schlussbetrachtung vorgenommen, in der die Ergebnisse der vorhergehenden Kapitel festgehalten werden.

---

[1] John Naisbitt (*1930), amerik. Prognostiker
[2] Siehe dazu http://www.pressebox.de/pressemeldungen/pentadoc-ag/boxid/450647, aufgerufen am 28.08.2012

2 ECM – Enterprise Content Management

2.1 Was macht ECM zum Thema?

Informationssysteme sind heute für alle Mitarbeiter eines Unternehmens erforderlich, um effizient und profitabel arbeiten zu können. Im Hinblick auf das Content Management ist es die Aufgabe der IT, Unternehmen dabei zu unterstützen, Tätigkeitsbereiche und Geschäftsprozesse neu zu organisieren, zu optimieren und möglicherweise gar die Art und Weise der Geschäftsabläufe komplett zu reformieren.[3]

Durch die Entstehung einer globalen Wirtschaft und die starke Vernetzung Dieser, verändern sich Unternehmen von Industriegesellschaften hin zu wissens- und informationsbasierten Dienstleistungsgesellschaften.[4] Die Prozesse vieler Organisationen sind demnach informationsgetrieben oder werden sich nach und nach diesem Trend anpassen. Dieses ist die grundlegende Motivation in eine ECM-Lösung zu investieren (Definition *ECM* siehe Kapitel 2.1). Das Potenzial einer modernen Enterprise Content Management Lösung ist es, der Dynamik und der Komplexität technischer Systeme Herr zu werden. Dabei werden Anforderungen an Bereitstellung und Dokumentation von Informationen berücksichtigt, sowie die Nachweispflicht gegenüber Dritten erfüllt. Missstände geringer Integration und Automatisierung werden identifiziert, um diese anschließend organisationsweit zu rationalisieren.[5] Ein Beispiel ist die Einführung des IBM FileNet Content Manager beim Justizministerium des Landes Nordrhein-Westfalen. Geschaffen wurde eine elektronische Justiz Case Management Lösung, kurz EJCM. Diese speichert, verwaltet und bewahrt alle Fälle und Dokumente. Dabei ist es Aufgabe des IBM FileNet Content Manager alle Informationen zu speichern und zu verwalten. Eine darauf aufbauende Applikation namens „CENIT ECLISO" bietet ein ergonomisches, anpassungsfähiges Userinterface. Dieses ermöglicht es die Inhalte zu lesen, zu klassifizieren und zu strukturieren und deren Relationen automatisch zu pflegen. So kann das Ministerium mit nur einer einzigen Suche relevante Dokumente verschiedener Quellen in Sekunden und an verschiedenen Orten aufrufen. Dabei werden Verbindungen zu anderen relevanten Dokumenten aufgezeigt, so können diese Inhalte in Entscheidungsprozesse einbezogen werden.[6]

2.2 Definition

Um das Enterprise Content Management kurz ECM zu definieren, soll zunächst auf das Content Management und den Begriff „Content" eingegangen werden.

---

[3] Vgl. (Kenneth C. Laudon, 2010 S. 7)
[4] Vgl. (Kenneth C. Laudon, 2010 S. 7,8)
[5] Vgl. (Bundesverband Informationswirtschaft, Telekommunikation und neue Medien e. V., 2012 S. 8)
[6] Siehe http://public.dhe.ibm.com/common/ssi/ecm/en/gqc03002usen/GQC03002USEN.PDF , aufruf am 17.08.2012

- **Content**

  Der Begriff „Content" beschreibt elektronische Inhalte. Diese setzen sich aus Akten (Records), Daten (Data) und Metadaten zusammen. Weiter unterteilt wird der Content nach seiner Nutzung in veränderbaren Content und unveränderbaren Content, auch Fixed-Content genannt. Von Records spricht man wenn der Content aufbewahrungswürdig oder gar aufbewahrungspflichtig ist.[7]

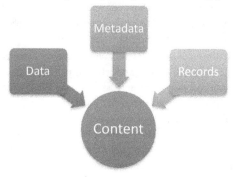

Abbildung 1:Contentelemente[8]

Eine bekannte Sprache zur Darstellung und Strukturierung von Content ist XML, Extensible Markup Language. XML wurde durch das World Wide Web Consortium (W3C) 1998 standardisiert und bietet so die Möglichkeit, Content universell zu strukturieren. Im Bereich des Content Management eignet sich XML sehr gut, da es in seiner Anwendung sehr flexibel ist. Das heißt, als offener Standard ist eine allgemeine Syntax vorgegeben, diese kann jedoch individuell erweitert werden. Metadaten beschreiben und strukturieren ein Dokument (Eigenschaften eines Objektes oder Dokumentes), dieses erleichtert den Datenaustausch. So können Daten in vielfältiger Art und Weise verarbeitet, präsentiert und archiviert werden.[9] [10]
Ein Beispiel für eine typische XML-Datei befindet sich im Anhang.

Aus funktionaler Sicht erscheint es sinnvoll zwischen folgenden Kategorien generell zu unterscheiden:

- **Content Management**

  Beschreibt alle Tätigkeiten um Content zu strukturieren, zu planen und zu verwalten. Die Funktion des Content Management kann durch einen einfachen Lebenszyklus erläutert werden. (1) Ein beliebiger Content wird generiert. (2) Dieser wird bearbeitet und zur Freigabe weitergeleitet. (3) Die Freigabe wird erteilt

---

[7] Vgl. (Kampffmeyer, 2006 S. 18)
[8] Eigene Darstellung
[9] Vgl. (Riggert, 2009 S. 2-3)
[10] Siehe auch (Schön, 2003)

und der Content wird publiziert oder seine Bearbeitung zurückgewiesen. (4) Durch die Publizierung wird der Content an einem für weitere Anwender zugänglichen Speicherort abgelegt. (5) Der Content befindet sich anschließend am Ende seines LifeCycles und wird eliminiert.[11] [12]

- **Content Management Systeme**
  Content Management Systeme (CMS) sind Anwendungen, die das Generieren, Verteilen, Präsentieren, Verwalten und Archivieren von Content ermöglichen. Inhalte werden oftmals dezentral erstellt, durch unterschiedliche Personen, an unterschiedlichen Orten bearbeitet, freigegeben und gespeichert. Diese differenzierte Aufgabenverteilung erfordert die Möglichkeit die Zugriffsberechtigungen einzelner Anwender auf den Content zu kontrollieren bzw. zu beschränken.[13] [14]

- **Web Content Management Systeme**
  Hier liegt der Fokus auf der Verwaltung des Content auf Webseiten bzw. Web-Portalen. Wichtigste Merkmale sind die strikte Trennung von Inhalt und Layout. Dieses ermöglicht es das Erscheinungsbild durchgängig einheitlich zu gestalten (Corporate Design), sowie die automatisierte Aktualisierung der Content-Verweise, sprich Hyperlinks, der einzelnen Seiten und der Navigationsmenüs.[15] [16]

- **Enterprise Content Management**
  Enterprise Content Management versteht sich als Beschreibung, um Produkte, Techniken und Prozesse zu adressieren. Diese Produkte erfassen strukturierte sowie unstrukturierte Informationen, um diese zu bearbeiten, zu verwalten, zu publizieren und zu archivieren.[17]
  Als Quelle einer aktuellen und führenden Definition wird in der Literatur die AIIM (Association for Information and Image Management) angegeben. AIIM beschreibt sich selbst als „the global community of information professionals". Schaut man sich die Definitionen nach AIIM der letzten 9 Jahre an, so fällt auf, dass die Definition sich stetig gewandelt hat. Im Jahr 2000 wurde ECM als eine Technologie zur Verwaltung von „enterprise content" gesehen, um Geschäftsprozesse zu unterstützen. Heute ist ECM vielmehr eine Strategie, mit Methoden und Tools um alle Formen und Arten an Informationen mit Geschäftsprozessen in Verbindung zu setzen.[18] [19] [20] Die Definitionen der AIIM befinden sich im Anhang.

---

[11] Siehe auch (Kampffmeyer, 2003 S. 6-7)
[12] Vgl. (Riggert, 2009 S. 2)
[13] Vgl. (Riggert, 2009 S. 2-3)
[14] Vgl. (Kampffmeyer, 2003 S. 6-7)
[15] Vgl. (Riggert, 2009 S. 3-4)
[16] Siehe auch (Neder, 2006)
[17] Siehe (Riggert, 2009 S. 4)
[18] Vgl. (Riggert, 2009 S. 4-7)
[19] Vgl. (Kampffmeyer, 2006 S. 4-6)

Zusammenfassend lässt sich folgende Definition erstellen:

Enterprise Content Management (ECM) ist eine Methode um alle strukturierten sowie unstrukturierten unternehmensrelevanten Informationen, aus verschiedenen Quellen zusammenzuführen. Diese zentrale Plattform ermöglicht es, den Mitarbeitern (entsprechend ihrer Funktion innerhalb der Organisation), Content zu erfassen, zu speichern, zu verwalten, zu schützen, zu verteilen und Informationen daraus zu ziehen.[21] [22] [23]

Der Definition nach AIIM besteht ECM aus den fünf Hauptkomponenten, Manage, Store, Deliver, Capture und Preserve, siehe Abbildung 2.

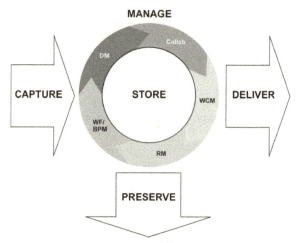

Abbildung 2: Das 5-Komponentenmodell der ECM[24]

2.3 Geschichte und Entwicklung

Unsere Gesellschaft und Kultur basiert auf der Übermittlung unserer Erfahrungen und Erkenntnisse. Doch wie können wir dieses Wissen für dritte Personen zugänglich machen? Unsere Aufzeichnungen in Form und Schrift erlauben es, Informationen festzuhalten und diese zu übermitteln. Durch die Erzeugung einer Vielzahl an Dokumenten und deren Sammlung war das Dokumentenmanagement (Content Management) geboren. Nachdem die Menschen über tausende von Jahren Informationen auf Tontafeln oder auf Papier festgehalten haben, erlebte die Speicherung unserer Informationen eine technische Revolution. Im Laufe des 19. Und 20. Jahrhunderts wurden Werkzeuge zur elektronischen Verwaltung von Dokumenten entwickelt. Diese Entwicklungen

---

[20] Vgl. (Fröschle, et al., 2007 S. 8-9)
[21] Vgl. (Fröschle, et al., 2007 S. 8-9)
[22] Vgl. (Riggert, 2009 S. 4-7)
[23] Vgl. (Kampffmeyer, 2006 S. 4-6)
[24] Siehe (Kampffmeyer, 2006 S. 15) , (Manhart, 2008) sowie (Fröschle, et al., 2007 S. 11)

bilden die Grundlage des elektronischen Dokumentenmanagement, welches nun seit ungefähr 25 Jahren ein Bestandteil der Informationstechnologie ist.[25]

Der Begriff ECM als Enterprise Content Management taucht im Jahr 1998 das erste Mal auf. Das Unternehmen Gartner verwendet den Begriff vereinzelt und die Fachzeitschriften „Microcomputer abstracts" und „Publish!" erwähnen Enterprise Content Management, allerdings mit dem Hinweis darauf, dass es sich um ein Hype-Thema handelt. Namenhafte Anbieter heutiger ECM-Lösungen, wie IBM FileNet oder OpenText greifen ECM erstmals 1999 auf. Es lässt sich nicht eindeutig feststellen, wie und wann der Begriff oder gar die Idee des ECM initiiert wurde. Die AIIM als Dachverband hat ECM im Jahr 2000 als festen Begriff aufgenommen. und hat im Jahr 2003 zusammen mit verschiedenen Anbietern aus dem Bereich ECM, das Poster „ECM 101" erstellt. Dieses Poster bildet die Grundlage für das Modell der fünf Hauptkomponenten Capture, Manage, Store, Deliver und Preserve (siehe Abbildung 2).[26] Eine Abbildung des Posters befindet sich im Anhang.

Für die zukünftige Entwicklung des ECM werden nach Riggert sowie Fröschle et. Al. vier Trends als relevant angesehen:

1. **Web 2.0 oder auch Social Software**
   Gemeint ist die Bildung virtueller Gruppen im Internet zu einem gemeinsamen Thema oder einem gemeinsamen Interesse. Oftmals werden hier leicht zu bedienende, webbasierte Tools, mit wenig oder keiner redaktioneller Kontrolle zur inhaltlichen Gestaltung einer Webseite, eingesetzt.

2. **Semantische Systeme**
   Konzentrieren sich darauf, schwach strukturierte Inhalte automatisch oder wenn nötig durch „Handarbeit" mit einer klaren Bedeutung (Semantik) zu versehen, um diese durch Folgeprozesse automatisch weiter verwenden zu können.

3. **Recombinant Growth**
   Dieser Trend verspricht die Möglichkeit durch die Verknüpfung von Technologien, neue Produkte zu schaffen. Diese wiederrum können neue Märkte oder bestenfalls sogar neue Bedürfnisse hervorrufen. Im Kontext ECM wird hier die Verwendung von Inhalten für verschiedene Ziele verstanden.

4. **Open Innovation**
   Die Idee dieses Trends ist es, die Kunden als Produzenten und Konsumenten zugleich zu sehen. Somit bekommen sie eine aktive Rolle in betrieblichen Prozessen. Die Herausforderung für das ECM ist es, die notwendige Öffnung betrieblicher Prozesse und damit verbundener Schnittstellen zu realisieren.[27] [28]

---

[25] Vgl. (Kampffmeyer, 2003 S. 3)
[26] Vgl. (PROJECT CONSULT, 2010)
[27] Vgl. (Fröschle, et al., 2007 S. 13,14)
[28] Vgl. (Riggert, 2009 S. 177,178)

2.4 Komponenten eines ECM-Systems

ECM umfasst eine Vielzahl von Funktionalitäten, die im Folgenden als einzelne Komponenten dargestellt werden. Es ist nicht notwendig, dass ein ECM-System mit allen möglichen Komponenten betrieben wird. Ein ECM-System ist im Allgemeinen anforderungsspezifisch aufgebaut, je nach benötigtem Funktionsumfang können einzelne Komponenten hinzugefügt werden. Es ist theoretisch möglich, ein ECMS aus Komponenten verschiedener Hersteller aufzubauen. Die fünf Hauptkomponenten oder auch - technologien des ECM haben seit dem Jahr 2003 bestand.[29] [30]

In Kapitel 2.1 wurde aufgezeigt, dass sich ECM als eine Strategie oder Methode empfiehlt, um verschiedene Informationstypen, sowie Quellen zu integrieren. Bevor die fünf Hauptkategorien im Detail erläutert werden, soll ihr Zusammenspiel anhand der folgenden Abbildung (siehe Abbildung 2) erläutert werden. Die Grafik ist der AIIM entnommen und wird vermehrt in der Fachliteratur adressiert. Die CAPTURE-Komponente erfasst neuen Content und übergibt diesen an die MANAGE-Komponente, deren Bestandteile sich ringförmig um die STORE-Komponente aufbauen und durch ihre Einsatzfelder Dokumenten-Management (DM), Collaboration (COLLAB), Web Content Management (WCM), Records Management (RM) und Workflow (WF/BPM) die Hauptkategorien verbinden. Ist der Content bearbeitet und gespeichert, kann er über die Komponente DELIVER abgefragt werden. Die PRESERVE-Komponente sichert den Content langfristig auf einem Speichermedium, oftmals kommen hier Fixed-Content-Devices zum Einsatz.[31]

2.4.1 Capture (Erfassung)

Bei der Dokumentenerfassung kann zwischen manueller Erfassung, teil- oder vollautomatisierter Erfassung unterschieden werden. Aufgabe dieser Input-Komponente ist es dabei immer die Erstellung, Erfassung, Aufbereitung und Verarbeitung analoger sowie elektronischer Informationen.[32] [33]

Ob ein Informationssystem effizient gestaltet ist, entscheidet sich bereits beim Dokumenteneingang und dessen Erfassung. Denn einerseits sind Informationen für Unternehmen überlebenswichtig, anderseits kostet der Umgang mit ihnen Zeit, welche zu Lasten der Verfügbarkeit der eigenen Mitarbeiter geht. Die Herausforderung ist es, neue Dokumente durchgängig, medienbruchfrei und transparent zu verarbeiten. Eine gängige Lösung ist die Errichtung eines virtuellen Eingangsportals für alle Formen neuer Dokumente. Entscheidend ist an dieser Stelle die sichere Erkennung und Klassifizierung der Dokumente. Somit können wachsende Anforderungen an Zeit, Qualität,

---

[29] Siehe auch (Kampffmeyer, 2006 S. 14)
[30] Vgl. (Manhart, 2008)
[31] Siehe (Manhart, 2008)
[32] Vgl. (Kampffmeyer, 2003 S. 16)
[33] Vgl. (Riggert, 2009 S. 11)

Leistung und Kosten bedient werden, die in der Summe einen Wettbewerbsfaktor darstellen.[34]

Der Mehrwehrt dieser Komponente liegt demnach darin, Eingangsdokumente sicher und mit geringem Zeitaufwand zu verarbeiten. Um eingehende Post digital zu verarbeiten, müssen Umschläge geöffnet, Dokumente entnommen und ggf. datiert, geheftet und sortiert werden. Dieses ist immer der erste Schritt einer digitalen Postverarbeitung. Bei entsprechendem Posteingangsvolumen gilt es zu überlegen, diesen Prozess maschinell zu unterstützen oder an einen Dienstleister abzugeben.[35] [36] [37]

Auf die Frage, ob Unternehmen heute bereits ganz ohne Papier auskommen bzw. papierlos arbeiten, soll an dieser Stelle nicht weiter eingegangen werden. Sicher ist jedoch, dass der Austausch von Informationen zunehmend digitalisiert wird. Dieses ist das Potenzial der CAPTURE-Komponente. Durch automatische Klassifizierung und Erkennung wird die manuelle Indizierung rationalisiert und traditionelle Abläufe werden angepasst, um Informationen nachhaltig und effizient Hand zu haben.[38] [39]

2.4.2 Manage (Verwaltung)

Diese Komponente bildet den Kern jeder ECM-Lösung. Die Anwendungsfelder Dokumentenmanagement, Collaboration, Web Content Management, Records Management und Workflow-Management (siehe Abbildung 2) verbinden die Komponenten Capture, Store, Deliver und Preserve und ermöglichen es somit Prozesse zu beschleunigen um letztendlich Kosten zu sparen.[40]

Aufgabe der Manage-Komponente ist die Verwaltung, Bearbeitung und Nutzung von Informationen. Dabei bedient sie sich an einer Datenbank sowie eines Berechtigungssystems zur Verwaltung, Recherche und zum Schutz der Informationen. In einem geschlossenen ECM-System sind die verschiedenen Manage-Komponenten miteinander verbunden. Diese können einmalig und übergreifend als Dienst zur Verfügung gestellt werden.[41]

Im Folgenden sind die wichtigsten Merkmale der einzelnen Manage-Anwendungen dargestellt:

Dokumentenmanagement:

Die Aufgabe des Dokumenten-Management ist es, die Dokumente von ihrer Entstehung bis zur Langzeitarchivierung zu begleiten bzw. zu kontrollieren. Dokumentenmanagement versteht sich als Lösungskonzept, um die Probleme papiergebundener Vor-

---

[34] Vgl. (Riggert, 2009 S. 11,12)
[35] Vgl. (Riggert, 2009 S. 12-14)
[36] Siehe (Manhart, 2008)
[37] Vgl. (Kampffmeyer, 2003 S. 18-19)
[38] Vgl. (Riggert, 2009 S. 24)
[39] Siehe auch (Koch, 2008 S. 3-4,16-18)
[40] Siehe (Manhart, 2008)
[41] Vgl. (Kampffmeyer, 2006 S. 38)

gänge und Informationen zu mildern. Das Dokumentenmanagement kennt folgende Funktionen: Visualisierung, Versionsmanagement, Checkin / Checkout, Suche und Navigation. [42] [43] [44]

Grundlegend ist zwischen analogen und digitalen Dokumenten zu unterscheiden. Analoge Dokumente jeglicher Form können nur von Menschen gelesen werden, sie lassen sich jedoch mithilfe von Scannern in digitale Dokumente umwandeln. Digitale Dokumente können in zwei Arten vorkommen, als Non-Coded-Information (NCI) und als Coded-Information (CI). NCI-Dokumente sind reine Abbilder des papiergebundenen Originals. Um diese weiterverarbeiten zu können, muss das NCI-Dokument mittels OCR in ein CI-Dokument umgewandelt werden. Die nun verfügbaren Informationen des CI-Dokuments können für eine Volltextsuche oder zur Kategorisierung genutzt werden. [45] [46]

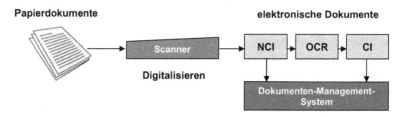

Abbildung 3: Umwandlung Papierdokument zu einem NCI- bzw. CI-Dokument[47]

Um Dokumente gezielt wiederfinden zu können, muss ein Katalog, ein Index aufgebaut werden. Dieser Index wird in einer Datenbank festgehalten. Die Informationen eines CI-Dokuments können in einen Volltextindex oder in einen Schlagwortindex aufgenommen werden. Die Volltextindexierung kann automatisch ohne Interaktion der Endanwender erfolgen. Der Aufwand, um einen derartigen Indexierungsvorgang auszuführen ist vergleichsweise gering, jedoch kann die Volltextsuche sehr zeitaufwändig sein, da der komplette Index durchsucht wird. Ebenfalls kann das Suchergebnis unscharf sein, und basiert in erster Linie auf den ‚Recherchefähigkeiten' des entsprechenden Mitarbeiters.

Die Suche in einem Volltextindex nach einer bestimmten Belegnummer kann mehrere Treffer ergeben, da die zu suchende Nummer sowohl auf eine Kunden- als auch auf eine Rechnungsnummer oder einen Teil einer Rechnungsnummer zutreffen kann. Bei der Erstellung eines Schlagwortindexes werden Dokumentenrelevante Attribute, zum Beispiel Autor, Titel, Jahr, Belegart und/oder Ort dem Dokument direkt zugeordnet. Die

---

[42] Vgl. (Riggert, 2009 S. 51-52)
[43] Vgl. (Kampffmeyer, 2003 S. 21)
[44] Siehe auch (Riggert, 2009 S. 55)
[45] Vgl. (Riggert, 2009 S. 60-62)
[46] Vgl. (Manhart, 2008)
[47] In Anlehnung an (Manhart, 2008)

Recherche wird über ein oder die Kombination mehrerer Schlagwörter durchgeführt und ist somit effizienter als die Volltextrecherche. NCI-Dokumente werden manuell indexiert, die verwendeten Attribute sind abhängig von der Art und des Inhalts des Dokuments.[48]

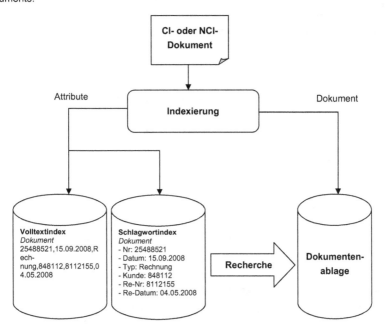

Abbildung 4: Recherche indexierter CI-/NCI-Dokumente durch einen Index[49]

Collaboration:

Collaboration versteht sich als kommunikative Infrastruktur, um die Zusammenarbeit zu fördern, indem Informationen unabhängig von Ort und Zeit kontrolliert werden können.[50] [51] Das wohl derzeit bekannteste Collaborationsprodukt ist Microsoft SharePoint. Es versteht sich als Unternehmensportal, das durch eine tiefe Integration in die Office-Produktwelt dabei unterstützt, Dokumente, Termine, Aufgaben und Verbesserungsvorschläge unternehmensweit zu teilen.[52] Zu unterscheiden ist der Begriff Collaboration aus Sicht der Netzwerkhersteller und aus ECM-Sicht. Bei ersteren wird der Fokus auf die Gewährleistung der Erreichbarkeit aller Gruppenteilnehmer durch Kommunikationsdienstleistungen gelegt, bei letzteren auf die inhaltliche Zusammenarbeit von Gruppen auf Anwendungsebene.[53]

---

[48] Vgl. (Manhart, 2008)
[49] Eigene Darstellung
[50] Vgl. (Fröschle, et al., 2007 S. 12)
[51] Vgl. (Kampffmeyer, 2006 S. 19)
[52] Vgl. (Grenzebach, 2007)
[53] Vgl. (Riggert, 2009 S. 89-90)

Web Content Management:

Web Content Management dient der Bereitstellung von Informationen auf einem Portal, im Internet oder in einem Extranet. Die Bereitstellung sollte dabei auf einer bestehenden Struktur an Berechtigungen und Regeln der Informationsspeicherung aufbauen.[54] Die WCM-Komponente bedient demnach Anwendungen, die für die Weiterverarbeitung und Präsentation im Web vorgesehen sind. Diese Anwendungen kennen folgende Funktionen:[55]

- **Asset Management:**
  Bereitstellung und Verwaltung der Informationen für die Web-Präsentation
- **Workflow-Komponente:**
  Generierung neuer oder Aufbereitung vorhandener Dokumente durch einen Erstellungs- und Veröffentlichungsprozess
- **Benutzerverwaltung:**
  Sichere Trennung des Zugriffs auf öffentliche und nicht-öffentliche Informationen
- **Export- und Import-Schnittstellen:**
  Automatische Konvertierung für unterschiedliche Anzeigeformate, personalisierte Anzeigen, Web-Visualisierung der Inhalte (Browser-Darstellung)[56] [57]

Nach BITKOM (Bundesverband Informationswirtschaft, Telekommunikation und neue Medien e.V.) ist WCM ein eigenständiger Markt, da die Einsatzfelder stark vom ECM differieren. So bietet WCM Open-Source-Lösungen (zum Beispiel Typo3, Joomla oder WordPress[58]) deren Schwerpunkt in der Publikation von Inhalten liegt, wobei sich ECM auf die Verwaltung meist dokumentbasierter Inhalte fokussiert.[59]

Records Management:

Records Management, kurz RM, steht für die Verwaltung eingehender, als auch ausgehender geschäftsrelevanter Informationen, die dabei weder verändert noch gelöscht werden dürfen. Durch rechtliche Vorgaben wie z. B. GDPdU (Grundsätze zum Datenzugriff und zur Prüfbarkeit digitaler Unterlagen), SOX (Sarbanes Oxley Act), dem deutschen Umsatzsteuergesetz oder dem internationalen Produkthaftungsgesetz sind Unternehmen angehalten, Informationen ab dem Zeitpunkt des Eintritts jederzeit erkennbar und nachvollziehbar vorzuhalten. Somit müssen alle relevanten Unternehmensinformationen jederzeit kontrollierbar sein und für einen bestimmten Zeitraum aufbewahrt werden.[60]

---

[54] Vgl. (Kampffmeyer, 2006 S. 46)
[55] Siehe auch (Manhart, 2008)
[56] Vgl. (Kampffmeyer, 2006 S. 46)
[57] Vgl. (Manhart, 2008)
[58] Siehe dazu http://www.visual4.de/1745-Open-Source-CMS-Vergleich-Joomla-TYPO3-Plone-Wordpress.html, aufgerufen am 04.08.2012
[59] Vgl. (Bundesverband Informationswirtschaft, Telekommunikation und neue Medien e. V., 2012 S. 25)
[60] Vgl. (Prof. Dr. Stefan Otto Sorg, 2009 S. 77,115)

Workflow:

Workflow folgt dem Trend der Geschäftsprozessorientierung und will dabei mehr sein, als die reine Informationsteilung. Der Anspruch des Workflow ist die Kommunikation in Echtzeit aller Mitarbeiter jeglicher Hierarchieebenen über alle Vorgänge und deren Aufgaben in Echtzeit. Dabei automatisieren Workflows formularbasierte und teilformularbasierte Vorgänge unter folgenden Kriterien:

- einzelne Vorgangsschritte sind klar abgegrenzt
- Vorgangsabläufe sind eindeutig definiert
- involvierte Mitarbeiter bekommen zur Vorgangsbearbeitung Funktionen, Rollen und Kompetenzen zugeteilt
- die Informationsbereitstellung- und -bearbeitung wird protokolliert, so wird der Prozess transparent[61]

Es wird grundlegend zwischen zwei Workflow-Typen unterschieden. Dem sogenannten „production workflow", dieser wird ausgelöst durch ein fest definiertes Ereignis und dem „ad-hoc workflow", hier wählt der bearbeitende Mitarbeiter zur Laufzeit einen Workflowprozess aus und startet diesen.[62]

Das **Workflow-Management** ermöglicht es, Organisationen Politik und Prozesse, sowie Rollen, Regeln und Routen frei zu gestalten. Dazu zählen folgende Aufgaben:

- Gestaltung der Workflowprozesse
- Empfangen, Verwalten, Visualisieren und Weiterleiten workflowrelevanter Informationen und deren Dokumente
- Koordination der Bearbeitungsvorgänge, Protokollierung und Überwachung der Ergebnisse[63] [64]

Ein **Workflow-Management-System** unterstützt Workflows bei ihrer Ausführung. Dabei wird die Reihenfolge der Aktivitäten identifiziert, die nächste Aktivität einem Benutzer zugeordnet. Dieser erhält alle notwendigen Daten und Dokumente und kann mit der Bearbeitung der Aufgabe beginnen.[65] [66]

Bereits im Jahr 2003 hat die AIIM in ihrer ECM-Definition den „business process" erwähnt. **Business Process Management,** kurz BPM, wird oftmals mit Workflow gleichgesetzt, dabei erhebt BPM den Anspruch sich dem Dokumenten-Workflow überzuordnen und eine vollständige Integration aller Workflow-Anwendungen unternehmensweit

---

[61] Vgl. (Riggert, 2009 S. 65,66)
[62] Vgl. (Kampffmeyer, 2003 S. 23)
[63] Vgl. (Riggert, 2009 S. 66,67)
[64] Vgl. (Kampffmeyer, 2003 S. 23)
[65] Vgl. (Kenneth C. Laudon, 2010 S. 714)
[66] Siehe auch (Kenneth C. Laudon, 2010 S. 714,715)

herzustellen. Dabei kontrolliert BPM alle Prozesse auf Daten, auf organisatorischer, sowie auf Server-Ebene, unter Anwendung der Konzepte EAI Enterprise Application Integration und BI Business Intelligence (siehe auch Abbildung 9: ECMS-Architektur)[67] [68]

2.4.3 Deliver (Ausgabe)

Die Deliver-Komponente stellt Informationen aus der Preserve-, Store- oder Manage-Komponente bereit. Ihre Aufgabe ist es, diese für die Empfänger aufzubereiten und dabei die Kontrolle der Nutzung zu überwachen. Diese Komponente wird auch als Output-Management bezeichnet und definiert sich nach BITKOM als:[69]

„Output Management Lösungen dienen der Prozesssteuerung von Massendrucksachen und haben Berührungspunkte zu vielen ECM-Lösungen. Der Output Management Markt ist ein sehr eigenständiges Segment innerhalb des ECM-Marktes. Kaum ein ECM-Hersteller ist gleichzeitig Anbieter einer Output-Lösung und umgekehrt. Allerdings ist es in vielen Projekten notwendig, die beiden Welten zu integrieren, wenn „Output" in einer ECM-Lösung verwaltet werden soll."[70]

Die Deliver-Komponente wird unterteilt in Distribution, Transformationstechnologien und Security-Technologien.

Distribution

Aufgabe der Distribution ist es die unterschiedlichen Inhalte kontrolliert und nutzungsorientiert über verschiedene Routen dem Anwender bereitzustellen. Dabei werden Informationen, zum Beispiel E-Mails, aktiv verteilt oder als Publikation auf Webseiten und Portalen den Anwender passiv bereitgestellt. [71] [72]

Transformationstechnologien

An dieser Stelle werden die Daten in entsprechende Ausgabeformate umgewandelt. Dies sollte immer verlustfrei, nachvollziehbar und kontrollierbar erfolgen. Zu den Transformationstechnologien zählen Dienste, welche nicht mit dem Endanwender interagieren:

- **COLD / ERM** dient der Aufbereitung von Daten von Ausgaben für Verteilung, Druck und Übergabe an das Archiv. Oft genutzte Anwendungen sind Listen

[67] Vgl. (Kampffmeyer, 2006 S. 52)
[68] Vgl. (Bundesverband Informationswirtschaft, Telekommunikation und neue Medien e. V., 2012 S. 24)
[69] Siehe (Manhart, 2008)
[70] (Bundesverband Informationswirtschaft, Telekommunikation und neue Medien e. V., 2012 S. 25)
[71] Vgl. (Riggert, 2009 S. 11,9120)
[72] Vgl. (Kampffmeyer, 2006 S. 71)

und formatierter Output. Der Begriff COLD steht allgemein für die digitale Archivierung von Druck- und Ausgabelisten, jeglicher Speichermedien.

- **XML** siehe 2.1 Definition Content
- **PDF** erlaubt die plattformunabhängige Bereitstellung bzw. Darstellung von Inhalten. PDF ermöglicht gegenüber einfachen Bildformaten das durchsuchen der Inhalte, das Mitführen von Metadaten, sowie digitale Signaturen. Das Format „PDF/A" hat sich als ein Standard-Archivformat bewährt.
- **Konverter und Viewer;** ihre Aufgabe ist es, unterschiedliche Formate umzuwandeln und diese anschließend einheitlich anzuzeigen und auszugeben.[73] [74] [75]

Security-Technologien

Sicherheitstechnologien sind ein fester Bestandteil aller ECM-Komponenten. Elektronische Signaturen kommen nicht nur beim Versenden von Dokumenten zum Einsatz, bereits bei der Erfassung werden die Authentizität des Absenders und die Integrität der übermittelten Nachricht überprüft und ggf. auch protokolliert. PKI-Verfahren (Public Key Infrastructure) unterstützen dabei geschäftsrelevante Prozesse ohne Medienbruch zu übermitteln.[76] [77] Die Public-Key-Infrastruktur ist ein Sicherheitssystem, das anhand digitaler Zertifikate, Anwender identifiziert, den Zugang zu Ressourcen steuert, Inhalte verschlüsselt und dabei digital signiert. Nachteile des PKI-Verfahrens ist der Aufwand der Verwaltung der Schlüssel und Zertifikate sowie die Anfälligkeit gegen Chosen-Ciphertext-Angriffe.[78] [79]

2.4.4 Store (Speicherung)

Diese Komponente speichert Daten temporär, d. h. alle Daten die nicht archivierungswürdig oder archivierungspflichtig sind. Die Store-Komponente wird dabei in drei Bereiche aufgeteilt:

1. **Repositories**
   Gemeint sind das Filesystem, Caches, Datenbanken und Data Warehouses; der Einsatz im Verbund ist möglich. Die Repositories halten eine Cacheablage im Filesystem zum schnellen Zugriff auf kürzlich verwendete Daten. Diese Daten werden über die Library Services geladen.

2. **Library Services**
   Dieser Bereich verwaltet den Zugriff auf die Speicherorte, die sogenannten Repositories. Ihre Aufgabe ist es, Daten aus der Capture- oder Manage-

---

[73] Vgl. (Bärfuss, 2007)
[74] Vgl. (Riggert, 2009 S. 120,121)
[75] Vgl. (Kampffmeyer, 2006 S. 67-69)
[76] Vgl. (Riggert, 2009 S. 121,122)
[77] Vgl. (Kampffmeyer, 2006 S. 70)
[78] Vgl. (Riggert, 2009 S. 136)
[79] Vgl. (Plötner, et al., 2007 S. 552,553)

Komponente zu empfangen und zu speichern. Werden Daten gesucht oder abgerufen, so greifen die Library Services auf die Datenbanken der Manage- oder Capture-Komponente zu. Die Informationen über den physischen Spei- cherort der Daten werden in dem Library Services direkt gehalten. Das Versi- onsmanagement fällt ebenfalls in den Bereich der Library Services.

3. **Technologies**
   Hier werden die verschiedenen Speichertechnologien in Abhängigkeit zu ihrer Anwendung betrachtet. Grundlegend kann zwischen folgenden Typen unter- schieden werden:
   - Digitale Optische Speichermedien (CD-R, CD-RW, DVD, UDO)
   - Mehrfach beschreibbare magnetische Online-Speicher
     (Festplatten als RAID sowie NAS/SAN als Netzwerkspeicher)
   - Tapes / Magnetbänder (DAT, DDS, DLT, LTO)

SAN-Speicher haben in den letzten Jahren zunehmend an Bedeutung gewonnen. Gründe sind der Preisverfall dieses Mediums, die einfache Möglichkeit SAN- Umgebunden in bestehende Infrastrukturen zu integrieren, hohe Speichervolumen, ein hoher Bedienkomfort, sowie eine hohe Zuverlässigkeit der Nutzung.[80] Daher soll diese Technologie im Folgenden kurz vorgestellt werden.

Die Menge an Informationen in Unternehmen wächst kontinuierlich, gleichzeitig gestal- tet es sich immer schwieriger, diese sinnvoll zu organisieren. Unter Anwendung traditi- oneller Storage-Ansätze kann dieses Problem kaum gelöst werden. Ist der gesamte Speicher direkt an die Server angeschlossen, führt dies zu einer erhöhten CPU- Auslastung und der permanente I/O-Verkehr (Input/Output) belastet das Netzwerk. Hier kommt die SAN-Technologie ins Spiel. SAN definiert sich als ein Netz, das Server und Massenspeicher über eine separate Infrastruktur verbindet. Die Speicherlaufwerke der (Applikations-)Server werden physikalisch entkoppelt und finden sich in einem Mas- senspeicher, dem SAN hinter den Servern in einem gesonderten Netzwerk wieder. Die Anbindung erfolgt dabei über die Blocktransfer-Protokolle iSCSI oder Fibre Channel, die im Vergleich zu paketorientierten Protokollen der IP-Welt einen schnelleren Zugriff erlauben. Somit verliert der Server seine Rolle als Speichergerät und verfügt über zwei „Netzwerkverbindungen", eine herkömmliche LAN-Verbindung zu den Clients und eine Fibre Channel (FC) oder iSCSI Verbindung zum SAN-Speicher.[81]

---

[80] Vgl. (Riggert, 2009 S. 175)
[81] Vgl. (Riggert, 2009 S. 169,170,172-175)

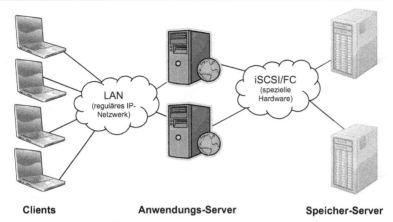

Clients   **Anwendungs-Server**   **Speicher-Server**

Abbildung 5: SAN-Architektur[82]

2.4.5 Preserve (Langfristige Speicherung)

Aufgabe dieser Komponente ist die langfristige und unveränderbare Aufbewahrung von Informationen. Im deutschen Sprachraum hat sich der Begriff „elektronische Archivierung" durchgesetzt.[83] [84] Im Folgenden sollen die Preserve-Bestandteile **Compliance** und **Archivierung** vorgestellt werden.

Compliance

Compliance wird im allgemeinen verstanden als die Übereinstimmung und Erfüllung von rechtlichen und regulativen Vorgaben.[85] In Deutschland existieren Vorgaben, wie zum Beispiel GDPdU oder Basel II. Diese beschreiben den Umgang mit Informationen. So wird die sichere Speicherung und Nachvollziehbarkeit aller Transaktionen unumgänglich. Dabei wird nicht zwischen digitalen und analogen Informationen unterschieden, papiergebundene Geschäftsvorfälle sind ebenso von Bedeutung wie E-Mails oder andere elektronische Formate. Die Herausforderung ist es, für jedes Objekt zu erkennen, ob es aufbewahrungspflichtig ist oder nicht. An dieser Stelle definiert Compliance ein für Unternehmen regelkonformes Verhalten, um alle Aktivitäten mit gesetzlichen und regulativen Anforderungen in Einklang zu bringen. So kann Compliance auf die Gestaltung der Geschäftsprozesse Einfluss nehmen, da diese ggf. um Kontrollmechanismen erweitert werden müssen.[86]

---

[82] Eigene Darstellung
[83] Vgl. (Riggert, 2009 S. 139)
[84] Vgl. (Kampffmeyer, 2006 S. 62)
[85] Vgl. (Kampffmeyer, 2006 S. 20)
[86] Vgl. (Riggert, 2009 S. 139,140)

Archivierung

Aufgabe der Archivierung ist die systematische Erfassung, Erhaltung und Betreuung (rechtlichen und politischen) von Schriftgut, anders gesagt, die technische Sicherung aller archivierungswürdigen Materialien und dessen Bereitstellung zur Recherche für Interessenten.[87]

Archivierte Dokumente dürfen auf Grund gesetzlicher Vorgaben nachträglich nicht mehr verändert werden. Um nachzuweisen, dass keine Veränderung stattgefunden hat, ist eine Verfahrensdokumentation notwendig. Diese beschreibt den Umgang mit Dokumenten, den Ablauf der damit verbundenen Tätigkeiten. In regelmäßigen Abständen muss die Dokumentation überprüft werden. Zu den aktuell für Unternehmen wichtigsten gesetzlichen Regelungen zählen die Abgabenordnung (AO), das BGB, das HGB, die Grundsätze ordnungsgemäßer Buchführung (GoBS) und die GDPdU. Die Anforderungen an die elektronische Archivierung lassen sich aus diesen Gesetzen ableiten. Aktuelle Rechtsvorschriften und die daraus resultierenden Anforderungen können der Tabelle 3 im Anhang entnommen werden.[88]

Von **revisionssicherer Archivierung** kann gesprochen werden, wenn die Anforderungen der AO und GoBS erfüllt sind. Dabei wird zwischen den folgenden Ebenen unterschieden. Auf der physikalischen Ebene (Speichermedien, Dateisystem) ist es unerheblich, welche Arten von Ablagemedien verwendet werden, solange die Daten in einem elektronisch codierten Format vorliegen. Die logische Ebene (Dateien, Indizes, Zugriffsmechanismen) erfordert keinen definierten internen Aufbau der Dokumente, solange diese durch geeignete Programme reproduzierbar sind. Erst die Dokumentenebene (Datenstrom) betrachtet die interne Struktur der Dokumente, um z. B. das Format der Dateien zu erkennen. Dabei ist die Auswahl des Datenformats entscheidend, da dieses seine sichere Reproduktion auch nach vielen Jahren oder nach mehreren Migrationen gewährleisten muss.[89] Zur revisionssicheren Langzeit-Archivierung, werden im Allgemeinen folgende Speichermedien eingesetzt: WORM (Write Once Read Many), CAS (Content Adressed Storage), NAS / SAN.[90] Da diese Medien nicht zu überschreiben sind, eigenen sie sich für das revisionssichere Speichern von Daten und können grundsätzlich als Beweismittel vor Gericht zugelassen werden. Jedoch sind auch diese Speichermedien nicht vor Manipulation geschützt, wenn interne Kontrollen versagen und der Angreifer über genügend Fachwissen und Ausstattung verfügt. Die elektronische Archivierung muss strengen formalen Vorschriften genügen, die der Gesetzgeber den Unternehmen vorgibt. Der Betrieb eines ECM-Systems als elektronisches Langzeitarchiv ohne vorherige juristische Absicherung der Verfahren wäre demnach sinnlos.[91] Dazu findet man im Anhang „die zehn Archiv-Gebote" mit denen über-

---

[87] Vgl. (Riggert, 2009 S. 140)
[88] Vgl. (Riggert, 2009 S. 140-147)
[89] Vgl. (Riggert, 2009 S. 147,148)
[90] Vgl. (Kampffmeyer, 2006 S. 63,64)
[91] Vgl. (Riggert, 2009 S. 153,154)

prüft werden kann, ob die eingesetzten ECM-Systeme grundlegend den Anforderungen des Gesetzgebers entsprechen.

2.5 Architektur eines ECM-Systems

Das Kapitel 2.3 hat gezeigt, dass ECM-Systeme sehr modular und vielschichtig sind. Zunächst soll die System-Architektur eines herkömmlichen Dokumenten-Management-Systems vorgestellt werden. Grundlegend muss jede Architektur den Anforderungen an eine konsistente und situationsbezogene Informationsbereitstellung genügen. Dabei gilt es, Fremdapplikationen, verschiedene Dateiformate und Schnittstellen im Kontext einer langfristigen Archivierung zu berücksichtigen.

Im vorliegenden Beispiel sind die Aufgaben des Dokumenten-Management-Systems auf verschiedene Rechner verteilt, dieses geschieht aus Performance- sowie Verfügbarkeitsgründen und stellt das klassische Client/Server-Konzept dar. Auf der Client-Ebene sind die Aufgaben, Erfassen, Speichern, Bearbeiten, Recherchieren, Anzeigen und Drucken von Dokumente angesiedelt. Die Server-Ebene bietet Schnittstellen zu Fremdsystemen, bindet die Clients zur Speicherung und Bearbeitung der Dokumente ein, kontrolliert den Volltextindex und verwaltet Benutzer und deren Rechte. Besonders die Schnittstellen zu eigenen oder dritten Komponenten sind entscheidend, um ein DMS modular bzw. individuell an die Bedürfnisse der Unternehmen anzupassen (customizing).[92] [93] Abbildung 6 zeigt ein DMS als Hardware-Architektur. Die Server-Ebene mit Applikationen der Verwaltung und Datenspeicherung, sowie die Client-Ebene mit Applikationen der Recherche, Eingabe und Anzeige von Dokumenten.

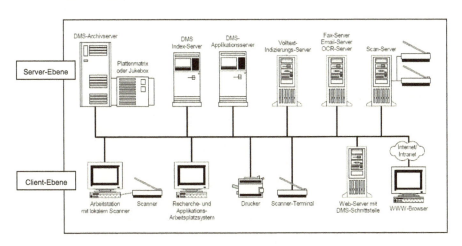

Abbildung 6: DMS-Architektur[94]

---

[92] Vgl. (Ulrich, et al., 1997 S. 37)
[93] Vgl. (Gulbins, et al., 1999 S. 83)
[94] (Gulbins, et al., 1999 S. 127)

Im folgendem soll eine Referenz-Architektur vorgestellt werden, in der sich die vorgestellten ECM-Komponenten wiederfinden. Die verwendete Referenz entstammt der ECM-Suite IBM FileNet P8.

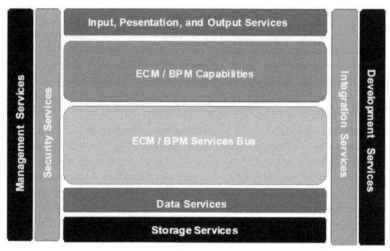

Abbildung 7: IBM FileNet P8 Platform, Enterprise Reference Architecture[95]

Abbildung 7 ist ein Konzept für die Gestaltung von Content und BPM-Lösungen. Die Darstellung ist dabei in mehrere Elemente bzw. Schichten unterteilt, die die funktionalen Aufgaben und ihre Hierarchie darstellen. Beim Design dieser Referenz-Architektur wurde besonderer Wert darauf gelegt, diese möglichst abstrakt, kompatibel gegenüber dritten Schnittstellen und dynamisch zu gestalten.[96]

Auf der obersten Ebene werden die Sichten in zwei Bereiche unterteilt:

Zentrale Funktionen und Dienstleistungen, dazu zählen:

- Input, presentation, and output services: Erfassungsmasken, Capture
- ECM/BPM capabilities and services: Dokumenten-Management und Workflow
- Information infrastructure: Data Services und Storage Services

Den zweiten Bereich bilden die vertikalen Schichten:

- Management services: Prozess- und System-Management Tools. IBM sieht an dieser Stelle Funktionen zur Hochverfügbarkeit, Kapazitätsplanung und der Cloud-Unterstützung.
- Security services: Berechtigungsverwaltung und Berechtigungsüberwachung
- Development services: Entwicklungsumgebung

---

[95] (Wei-Dong (Jackie) Zhu, 2011 S. 7)
[96] Vgl. (Wei-Dong (Jackie) Zhu, 2011 S. 7)

- Integration services: Gemeint sind APIs um Schnittstellenfunktionen zu verwenden
  oder zu generieren. Sowie Tools für Master Data Management oder Business Intelligence

Die in Kapitel 2.3 vorgestellten ECM-Komponenten (Manage, Store, Deliver, Preserve,
Capture) findet man in Abbildung 7 wieder als:

- **Manage**: ECM/BPM capabilities and services sowie die vertikalen Objekte Man-
  agement services und Security services
- **Store**: Data services
- **Deliver**: Input, presentation, and output services
- **Preserve**: Storage services
- **Capture**: Input, presentation, and output services

Eine starre Zuordnung ist jedoch kaum möglich und nicht notwendig bzw. zielführend.
Funktionen einzelner ECM-Lösungen können sich verschieben und auf Grund zahlrei-
cher Verbindungen kann es zu Überlagerungen einzelner Komponenten kommen. Dieses zeigt Abbildung 8, die Content Engine der FileNet P8 ECM-Suite würde man zunächst als Manage-Komponente der ECM-Suite sehen. Jedoch lässt sie keine exklusi-
ve Zuordnung zu einer isolierten ECM-Komponente zu. Der Funktionsblock „Threads
and Services" erfüllt Aufgaben wie „Classification" und „Indexing" welche man der Manage oder Capture-Komponente zuordnen kann, ebenso wie die Aufgabe „Content
Storage" welche der Store-Komponente zugesprochen werden würde. Gleiches gilt für
den Funktionsblock „Storage System", hier findet man Aufgaben der Store-
Komponente („File System Storage", „Database Storage") aber auch Aufgaben aus
dem Bereich Preserve, hier „Image Services" oder „Fixed Content Providers".

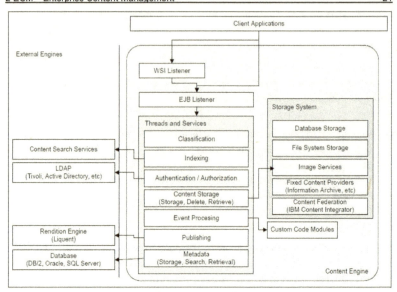

Abbildung 8: Content Engine internal system architecture[97]

Die Betrachtung von ECM als Architektur lässt verschiedene Darstellungsebenen zu. Aufgrund der vielfältigen Funktionalität, der Vielzahl an notwendigen Schnittstellen und der Komplexität von ECM, besteht eine ECM-Lösung in der Regel nicht aus einem singulären System, sondern aus einer Reihe kombinierter Einzelsysteme.[98] Abbildung 9 zeigt das Zusammenspiel unterschiedlicher ECM-Komponenten, von der Infrastruktur bis hin zu den betrieblichen Prozessen.

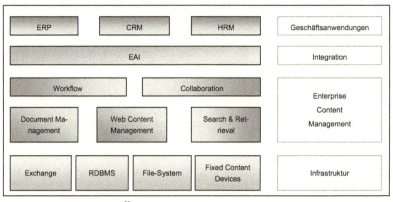

Abbildung 9: ECMS-Architektur[99]

---

[97] (Wei-Dong (Jackie) Zhu, 2011 S. 22)
[98] Vgl. (Fröschle, et al., 2007 S. 12)
[99] In Anlehnung an (Kampffmeyer, 2006 S. 9)

3. Cloud-Computing

3.1 Überblick

Cloud-Computing ist ein noch relativ junges Dienstleistungskonzept. Einen besonders großen Hype erlebte es in der Zeit von 2009 bis Anfang 2011. Fachzeitschriften und auch Tageszeitungen gingen mehr und mehr auf dieses Thema ein.[100] Die Architektur des Cloud-Computing lässt technologische Grenzen, mit dem Internet als Verbindungsplattform, schier unendlich erscheinen. Die folgende Abbildung zeigt warum dem Cloud-Computing das Potenzial einer Revolution zugesprochen wird und warum es als einer der wichtigsten Trends seit Ablösung der Mainframe-Technologie durch das Client-Server-Modell gesehen werden kann.[101]

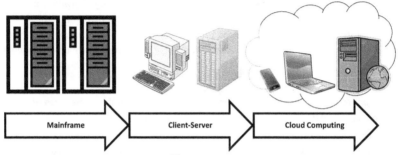

Abbildung 10: Potential Cloud-Computing [102]

Der Begriff des Cloud-Computing entstand bereits in den frühen Tagen des Internets, damals wurde das Internet mit einer Wolke verglichen, da komplexe technische Details und Abläufe dem Endanwender verborgen bleiben. Dieses hat sich bis heute nicht verändert. Dem Endanwender bleibt verborgen, wo seine Daten verarbeitet werden.[103]

Erstmalig wurde der Begriff Cloud-Computing im August 2006 durch den damaligen Google-CEO Eric E. Schmidt auf der Search Engine Strategies Conference in San Jose, Kalifornien verwendet. Schmidt prophezeite bereits damals das Modell des Cloud-Computing als Nachfolger des Client-Server-Modells.[104] [105] [106]

Häufig wird das Cloud-Computing mit den Anfängen des Stromnetzes in einen Kontext gesetzt. Unternehmen hörten auf ihren eigenen Strom zu produzieren und ließen sich an das Stromnetz anschließen.[107]

In den folgenden Kapiteln wird zunächst auf den Begriff des Cloud-Computing eingegangen. Anschließend werden technische Grundlagen, sowie Klassifizierungen erläu-

---

[100] Siehe http://www.cio.de/strategien/analysen/895084/, aufgerufen am 21.07.2012
[101] Vgl. (Metzger, 2011 S. 1)
[102] In Anlehnung an (Metzger, 2011 S. 1)
[103] Vgl. (Chang, 2010) S. 16
[104] Vgl. (Jaatun, 2009) S. 627 [104104]
[105] Vgl. (Metzger, 2011) S. 2
[106] Vgl. (Bogatin Donna, 2006) (2012-06-09 14:48 MEZ)
[107] Vgl. (Chang, 2010) S. 16

tert, bevor im Bereich des Cloud Sourcing verschiedene Beschaffungs-Optionen aufgezeigt werden.

3.2 Definition

Eine grundlegende oder gar offizielle Definition des Cloud-Computing gibt es nicht. Die Meinungen gehen bereits bei der Frage, ob eine Private Cloud (siehe Kapitel 3.4 Cloud-Liefermodelle) eine Art des Cloud-Computings ist, weit auseinander.

Das National Institute of Standards and Technology passt seine Definition an neue Entwicklungen an und gebraucht die Definition:

„Cloud computing is a model for enabling ubiquitous, convenient, on-demand network access to a shared pool of configurable computing resources (e.g., networks, servers, storage, applications, and services) that can be rapidly provisioned and released with minimal management effort or service provider interaction. This cloud model is composed of five essential characteristics, three service models, and four deployment models."[108]

Die vom National Institute of Standards and Technology erwähnten Services und Liefermodelle werden im Kapitel 3.4 sowie 3.5 genauer beschrieben.

Das Unternehmen Gartner weist in seinem Report „Five refining attributes of public and private cloud computing" ebenfalls auf Kriterien hin, um Cloud-Computing zu definieren und vom einfachen Hosting zu separieren. Das Cloud-Computing definiert nicht die bloße, dynamische Bereitstellung von IT-Ressourcen über ein Netzwerk, sondern vielmehr den Bezug bedarfsgerechter Dienstleistungen. Der Betrieb einer Cloud erfordert oftmals Einbuße in der eigenen Kontrolle, die man im Vertrauen zu seinem Service-Provider wiederfindet.[109]

Abschließen lässt sich folgende Definition aus mehrfach genannten Merkmalen namhafter Quellen ableiten:

Cloud-Computing nutzt Virtualisierungstechnologien und automatisierte Self-Services um Dienstleistungen flexibel, dynamisch und skalierbar bereitzustellen. So entsteht ein oftmals webbasierter on-demand-Dienst, der aus einem gemeinsamen, zentralen Pool an virtuellen Rechen-, Speicher- und Netzwerkressourcen besteht. Dieser Dienst ist hochgradig automatisiert und erfordert wenig menschliche Interaktion. Die Nutzung dieses Dienstes erfolgt verbrauchsabhängig nach einem modularen Modell. Dieses führt zu geringen fixen Investitionsaufwänden und zu variablen Betriebskosten. [110][111][112][113]

---

[108] Vgl. (Peter Mell, 2011 S. 2)
[109] Vgl. (Toby Wolpe, 2009)
[110] Vgl. (Baun, 2010 S. 4)
[111] Vgl. (BITKOM e. V., 2009 S. 14)
[112] Vgl. (Bundesamt für Sicherheit in der Informationstechnik, 2010 S. 3, 4)

3.3 Technische Grundlagen und Prinzipien

Das Cloud-Computing stützt sich auf verschiedene Technologien. Zu diesen Technologien zählen:

- Virtualisierung

- Webdienste (Web Services, Service-Oriented Architectures)

- Mandantenfähigkeit (Multi Tenancy-Architektur)

- System Management (Data-Center Automation)[114]

- **Virtualisierung**

  Die Auslastung einzelner Ressourcen ist oftmals sehr gering. Durch den Einsatz von Virtualisierung wird eine Ressource, zum Beispiel ein Server, emuliert. So können auf dem virtuellen Computer mehrere Betriebssysteminstanzen ausgeführt werden, was zu einer höheren Auslastung der realen Hardware führt.[115] Das Ziel ist also eine Abstraktionsebene der physischen Ressourcen. Dieses gilt ebenso für Speichersysteme, das Netzwerk und Anwendungen.

  Ursprünglich bestand die Idee die nur teilweise ausgelasteten Serversysteme auf der Ebene physischer Hardware zusammenzuführen und dabei die Ausführung der Anwendungen in separaten Instanzen oder Versionen der darunterliegenden Betriebssysteme unverändert zu lassen.[116] Spricht man von Servervirtualisierung so wird ein Hypervisor eingesetzt. Dieser virtualisiert die reale Hardware und stellt sich als „Virtual-Maschine-Host" dar. Dieser Host schafft eine isolierte, virtuelle Umgebung und bietet so Platz für mehrere „Virtual-Maschine-Guests".[117]

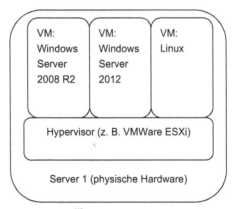

Abbildung 11: Servervirtualisierung[118]

---

[113] Vgl. (T-Systems S. 5, 6)
[114] Vgl. (Buyya / Broberg / Goscinski , 2011 S. 5)
[115] Vgl. (Kersken, 2009, 4. Auflage S. 305)
[116] Vgl. (Köhler-Schute, 2011 S. 71)
[117] Vgl. (Meinel, et al., 2011 S. 11, 13, 14)
[118] Eigene Darstellung

- **Webdienste**

  Webservices besitzen definierte Schnittstellen und Funktionen. Sie sind Komponenten eines Webservers. Eine Clientanwendung kann die Webservices mithilfe von HTTP-Anforderungen über ein Netzwerk aufrufen. Diese Clientanwendungen sind durch den Einsatz von Webdiensten plattform- und programmiersprachenunabhängig. Das alles bildet die Grundlage einer Serviceorientierten Architektur. Die Serviceorientierte Architektur, kurz SOA, beschreibt eine Methode, um Dienste verteilter Systeme zu strukturieren und zu nutzen. Die Modelle SOA und Cloud-Computing sind sich in dieser Hinsicht sehr ähnlich, es wird ein definierter Dienst bereitgestellt, der sich mit möglichst wenig menschlicher Interaktion an verändernde Anforderungen anpasst.[119] [120]

Abbildung 12: SOA trifft auf SMB (Small and Medium-sized businesses)[121]

- **Mandantenfähigkeit**

  Der Gedanke der Mandantenfähigkeit (engl: multitenancy) ist es, mehrere Mandanten durch eine Software zu versorgen. Diese Mandanten können verschiedene Kunden sein. Die Daten der Mandanten bleiben dabei strikt getrennt. Eine Multi Tenancy-Architektur setzt demnach voraus, dass alle Mandanten/Kunden grundsätzlich ähnliche Anforderungen haben, wobei Platz für eigene Konfigurationen bestehen sollte. So kann auf Grund der Teilung von Software inkl. verwendeter Hardware ein hohes Einsparungspotenzial erreicht werden.

- **System Management**

  Das Cloud-Computing benötigt neben einer virtuellen Infrastruktur und definierten Services eine zentrale Verwaltungsstelle. Diese verwaltet u. a. einzelne Mandan-

---

[119] Vgl. (Schweiggert, et al., 2004)
[120] Vgl. (Reichert, et al., 2004)
[121] Siehe http://geekandpoke.typepad.com/geekandpoke/2007/08/soa-and-smb.html, aufgerufen am 22.07.2012

ten, schafft aber in erster Linie Elastizität. Das heißt IT-Ressourcen / weitere Dienste werden bedarfsgerecht (elastisch) je nach Auslastung aktiviert.

Diese Verwaltungsstelle kann durch eine Verwaltungssoftware realisiert werden, oftmals wird diese Art Software unter dem Namen „Data Center Automation" geführt.[122] [123]

Das Prinzip des Cloud-Computing lässt sich mit einer Bibliothek vergleichen. Die Bücher stellen die Dienste dar, die Cloud das Bibliotheksgebäude. Ein Buch wird einmal geschrieben und mehrfach genutzt. Je nach Anzahl der Anfragen gibt es ein Buch öfter oder auch in verschiedenen Bibliotheken. Ist die Kapazität (z. B. das Regal einer Bibliothek) erschöpft, so kann auf der Ebene der Infrastruktur der Cloud die Kapazität (durch ein weiteres Regal) erweitert werden.[124]

3.4 Cloud-Architektur und Cloud-Dienstleistungen

Die Architektur einer Cloud wird oftmals dargestellt als ein Bereitstellungsmodell verschiedener Ebenen, die miteinander verbunden sind und je nach Grad ihrer Abstraktion unterschiedliche Eigenschaften besitzen und Zielgruppen ansprechen. In der Literatur findet man oftmals ein Modell bestehend aus drei Ebenen.[125]

1. Als unterste Schicht die Infrastruktur-Schicht. Diese enthält die physikalischen Ressourcen (z. B. Server, Storage, Netzwerk) und verwaltet diese bis zur Ebene des Betriebssystems.

2. Über der Infrastrukturschicht liegt die Plattform-Schicht. Hier werden Anwendungen entwickelt und betrieben. Auf dieser Ebene werden u. a. relationale Datenbanken ausgeführt, wie sie von nahezu allen betrieblichen Anwendungen genutzt werden.

3. Die höchste Schicht ist die Software-Schicht. Diese umfasst Geschäftsanwendungen und standardisierte Services, die vom Endanwender benutzt werden.[126]

Aus den drei Ebenen gehen die Cloud-Dienstleistungen seitens der Anbieter hervor:

- **Infrastructure as a Service (IaaS)**

   Die Dienstleistungen beschränken sich auf die Basisinfrastruktur. Virtualisierungstechnologien werden eingesetzt um Rechen- und Speicherleistung sowie Netzwerkinfrastruktur flexibel und skalierbar zur Verfügung zu stellen.[127]

- **Platform as a Service (PaaS)**

---

[122] Vgl. (Metzger, 2011 S. 14)
[123] Vgl. (HP Enterprise Software, 2012)
[124] Vgl. (Bowen, et al., 2009)
[125] Vgl. (Köhler-Schute, 2011 S. 100, 101)
[126] Vgl. (BITKOM e. V., 2009 S. 22, 23)
[127] Vgl. (Metzger, 2011 S. 21), (Köhler-Schute, 2011 S. 101)

PaaS stellt eine Entwicklungsumgebung dar, welche gleichzeitig die Zielplattform für den Betrieb der Anwendungen ist. Die Dienstleistung besteht hier in der Bereitstellung von Anwendungsinfrastruktur-Komponenten (z. B. Datenbanken, Verzeichnisdienste/Security, technische Frameworks).[128]

- **Software as a Service (SaaS)**

  Hier werden dem Kunden komplette Anwendungen angeboten, oftmals Geschäftsanwendungen. Der Kunde hat dabei keinen Zugriff auf die darunterliegende Infrastruktur, ebenso können individuelle Bedürfnisse nicht berücksichtigt werden. Eine Anpassung oder Konfiguration der Software ist je nach Anwendung begrenzt möglich. Grundsätzlich wird bei SaaS der Gedanke verfolgt, die Software nicht auf der Seite des Kunden zu installieren, sondern diese über einen Webbrowser barrierefrei und ortsunabhängig zur Verfügung zu stellen.[129]

Die Cloud-Dienstleistungen werden dabei durch die Kunden direkt gebucht, konfiguriert, beansprucht und abbestellt. Bekannte Beispiele sind salesforce CRM und SAP On-Demand.[130]

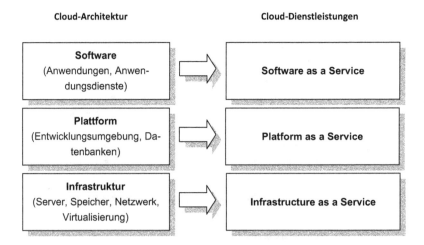

Abbildung 13: Cloud-Dienstleistungen als Ergebnis der Cloud-Architektur[131]

---

[128] Vgl. (Metzger, 2011 S. 21), (Köhler-Schute, 2011 S. 102)
[129] Vgl. (Metzger, 2011 S. 21, 22), (Köhler-Schute, 2011 S. 102), (Baun, 2010 S. 68)

[130] Vgl. (Metzger, 2011 S. 22), (salesforce.com, 2012), (SAP AG, 2012)
[131] Eigene Darstellung

3.5 Cloud-Liefermodelle

Die vorgestellten Cloud-Dienstleistungen können je nach Anwendungsfall oder Ausprägung ausgeliefert werden. Dabei werden die Aspekte Betrieb, Eigentum und Organisation unterschieden. Grundlegend kann an dieser Stelle zwischen der Private- und der Public Cloud unterschieden werden. In der Literatur findet man noch weitere Modelle; diese sollen im Folgenden vorgestellt und voneinander abgegrenzt werden:[132] [133]

- **Private Cloud**

  Der Zugriff erfolgt über ein Intranet oder ein virtuelles privates Netzwerk (VPN). Daher sind Fragen der Datensicherheit oder des Datenspeicherorts schnell beantwortet. Die physikalischen Ressourcen werden nur durch eine Organisation beansprucht und werden durch diese selbst oder durch einen externen Anbieter betrieben.[134]

  Beispiel: Die Stadtverwaltung Bergheim hat alle eingesetzten Anwendungen, insgesamt über 100 Applikationen in eine Private Cloud integriert. Anlass war eine akute Finanznot. So wurden verschiedene Anwendungen und verschiedene IT-Systeme gemeinsam auf eine gepoolte, dynamische Betriebsplattform überführt. Der konsolidierte, dynamische Betrieb der kompletten IT-Infrastruktur sowie die Bereitstellung der Anwendungen als Service aus der Cloud führten zu geringen Kosten in der Clientbereitstellung, Clientbetreuung und beim Betrieb des Rechenzentrums.[135]

- **Public Cloud**

  Anbieter einer Public Cloud sind zugleich Betreiber und Besitzer einer Cloud-Infrastruktur. Diese Infrastruktur wird durch mehrere Organisationen geteilt und Dienstleistungen aus den Bereichen IaaS, PaaS und SaaS werden angeboten.[136]

- **Community Cloud**

  Diese Art der Cloud steht zwischen der Public und der Private Cloud. Die Community Cloud steht nur einer bestimmten Gruppe oder nur bestimmten Organisationen zur Verfügung. Die Intentionen hierbei können ganz unterschiedlich sein:

  - Die Zusammenarbeit verbundener Unternehmen soll gefördert werden, Sicherheitsrisiken werden minimiert

---

[132] Vgl. (Köhler-Schute, 2011 S. 103)
[133] Vgl. (Metzger, 2011 S. 18)
[134] Vgl. (Metzger, 2011 S. 18), (Köhler-Schute, 2011 S. 40-41,103-104)
[135] Siehe (computerwoche.de, , 2012)
[136] Vgl. (Metzger, 2011 S. 19), (Köhler-Schute, 2011 S. 40-41, 105)

    – Kleine Unternehmen wollen durch Cloud-Computing Kostensenkungsef-
    fekte erzielen[137]

- **Hybrid Cloud**

  Diese Cloud stellt im Prinzip keine eigene Art dar. Hier geht es darum, verschiedene Clouds über einen gemeinsamen Standard zu einem bestimmten
  Zweck zu verbinden. Ein mögliches Anwendungsszenario ist das Abfangen von
  Lastspitzen, so kann bei Bedarf eine Private Cloud für einen bestimmten Zeitraum um die Ressourcen einer Public Cloud erweitert werden.[138]

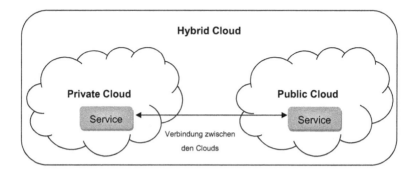

Abbildung 14: Hybrid Cloud-Computing [139]

3.6 Cloud Sourcing

Cloud Sourcing thematisiert die Beschaffung von Cloud Dienstleistungen. Grundlegend
kann zwischen drei Optionen unterschieden werden:

1. **Ohne Virtualisierung / Managed Services**

   Hier wird eine traditionelle IT-Infrastruktur im Haus des Endanwenders einge-
   setzt. Die Sicherheit ist relativ hoch, jedoch sind dies auch die Kosten, da die
   Ressourcen meist nicht ausgelastet sind und die Infrastruktur insgesamt nicht
   standardisiert ist. Das führt ebenfalls zu höheren Personalkosten aufgrund der
   Komplexität der gesamten Infrastruktur. Eine Überführung des Betriebs in eine
   Managed Cloud ist ohne technische Veränderungen kaum möglich.

---

[137] Vgl. (Metzger, 2011 S. 19), (Köhler-Schute, 2011 S. 42, 105-106)
[138] Vgl. (Metzger, 2011 S. 19), (Köhler-Schute, 2011 S. 42, 105)
[139] Eigene Darstellung

2. Private Cloud

Hier wird zwischen der Managed Private Cloud und der Outsourced Private Cloud unterschieden. Die Managed Private Cloud wird durch einen externen Dienstleister, im Hause des Kunden, auf Basis definierter Service Level Agreements betrieben. Der Unterschied zur Outsourced Private Cloud besteht im Standard der IT-Infrastruktur. Bei diesem Modell ist der externe Partner Eigentümer des Rechenzentrums. Die Kosten können hier bereits durch eine bessere Auslastung gesenkt werden, jedoch nimmt das Sicherheitsrisiko zu, da dieses direkt von den externen Partnern abhängt.

3. Public Cloud

An dieser Stelle werden die Cloud Dienstleistungen komplett durch externe Partner erbracht. Das stellt die höchste Form der Flexibilität dar, allerdings schwindet auch der Einfluss auf die eigene Datensicherheit.

Es ist zu erkennen, dass mit steigendem externem Leistungsbezug ebenfalls das potenzielle Sicherheitsrisiko steigt.[140] Dieses soll abschließend folgende Grafik unterstreichen:

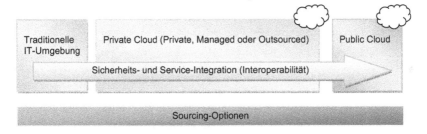

Abbildung 15: Sourcing Optionen für Cloud-Dienstleistungen[141]

---

[140] Vgl. (BITKOM e. V., 2009 S. 31-32)
[141] In Anlehnung an (BITKOM e. V., 2009 S. 31)

4. ECM in der Cloud

4.1 Einführung

Cloud-Computing ist noch immer ein Hype-Thema betrachtet man den aktuellen „Hype Cycle Report" der Firma Gartner, siehe Abbildung 24 im Anhang. Doch Cloud-Services sind am Markt angekommen, da Unternehmen die Berücksichtigung von Cloud-Strategien bei der langfristigen Planung ihrer IT-Landschaft als Vorteil erachten und der Consumer-Markt täglich Cloud-Services wie die iCloud, Dropbox oder Evernote einsetzt. Dabei werden die potenziellen Vorteile Kostentransparenz, Effizienz und Flexibilität in einem Atemzug mit den Bedenken der Sicherheit, Compliance, Performance und Verfügbarkeit fortwährend genannt. Bisher haben sich Cloud-Strategien stark auf die Ebene der Infrastruktur konzentriert, nun folgt nach und nach die Entwicklung von Applikationen auf der SaaS- sowie PaaS-Ebene (siehe Abbildung 13).[142] [143] [144]

Im Kontext des ECM werden häufig vertrauliche Dokumente (Urkunden, Informationen über die Gehälter der Mitarbeiter oder Sonstige) bearbeitet, was eine besondere Anforderung an die Sicherheit und die Compliance begründet. Andererseits bietet sich gerade im Verbund mit der Cloud ein noch unerforschtes Maß an Effizienz und die Erschließung zusätzlicher Nutzenpotenziale.[145]

Interessant im Zusammenhang Cloud-Computing – ECM ist das Begriffsverständnis der Anwender und deren Erwartungen bzw. deren Gründe für den Einsatz einer ECM-Lösung aus der Cloud. Die Firma Trovarit hat in einer Studie ca. 100 Anwender zur Selbsteinschätzung bzgl. aktueller ECM- und Cloud-Begriffe gebeten:

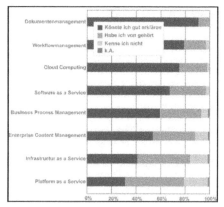

Abbildung 16: Begriffsverständnis Cloud vs. ECM, 2012[146]

---

[142] Vgl. (BITKOM e. V., 2012 S. 5)
[143] Siehe http://www.readwriteweb.com/archives/top_10_consumer_cloud_applications_of_2011.php, aufgerufen am 04.08.2012
[144] Vgl. (Metzger, 2011 S. 28,29,37-46)
[145] Vgl. (BITKOM e. V., 2012 S. 5)
[146] (Trovarit AG, 2011 S. 5)

Auffällig ist, dass das Dokumentenmanagement sehr bekannt ist, wobei ECM im Vergleich eher unbekannt wirkt. Cloud-Computing ist bereits bei über 75% der befragten Anwender ein fester Begriff. Der relativ hohe Bekanntheitsgrad des Cloud-Computing ist auf die dynamische Entwicklung des Cloud-Computing im Allgemeinen sowie die breite Werbung durch die Anbieter zu begründen (z. B. Apple iCloud oder Telekom-Cloud).[147] [148] Doch was versprechen sich die Anwender von einer ECM-Suite aus der Cloud? Auch diese Frage wurde an über 100 Anwender gerichtet (siehe Abbildung 21:Gründe für den Einsatz von ECM in der Cloud, im Anhang). Es gibt demnach drei vorrangige Beweggründe um auf eine ECM-Cloud zu setzen:

1. Eine dezentrale Unternehmensstruktur ist vorhanden oder soll aufgebaut werden, z. B. Home Offices, Mobiler Außendienst, viele Standorte. Hier bietet sich ein Cloud-Dienst bereitgestellt über ein WAN oder das Internet an
2. Auslagerung des Betriebsrisikos, inkl. aufkommender Probleme bei einem Release-Wechsel oder bei Softwareupdates
3. Flexible Anpassungen an den Umfang der eingesetzten Lösungen und deren Nutzungsdauer (Vertragslaufzeiten)[149]

Die AIIM zeigt in einem Whitepaper unter dem Motto *„Let's Un-Complicate ECM"*[150] ein einfaches Abbild einer ECM-Cloud, welche die Intentionen der Anwender aufnimmt. Home Offices und mobile Endgeräte sind mit der Cloud verbunden und unterstützen eine dezentrale Unternehmensstruktur. Das Betriebsrisiko trägt die Cloud ECM auf der Seite des Anbieters. Flexibilität hinsichtlich des Umfangs oder der Leistungsfähigkeit der Cloud-Services kann durch die Dimension der Wolke angepasst werden.

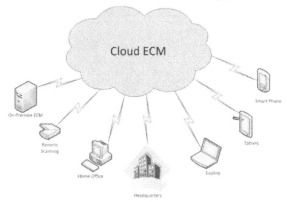

Abbildung 17: Cloud ECM nach AIIM[151]

[147] Vgl. (Trovarit AG, 2011 S. 5)
[148] Vgl. (BITKOM e. V., 2012 S. 7,8)
[149] Vgl. (Trovarit AG, 2011 S. 7)
[150] (aiim.org - Ed Rawson, 2011)
[151] (aiim.org - Ed Rawson, 2011 S. 9)

Doch was möchte ECM as a Service oder ECM in der Cloud sein? Die BITKOM orga-
nisiert einen Arbeitskreis zum Thema „ECM-Services & Cloud". Folgt man ihren Er-
kenntnissen so definiert sich „ECM in the Cloud" heute als eine Form der bedarfsge-
rechten und flexiblen Nutzung von ECM-Lösungen. Diese werden nach Nutzung abge-
rechnet und als Service über ein Netzwerk bereitgestellt. Die Vision dieser Definition ist
es, dass ein IT-Dienstleister einheitliche ECM-Systeme für seine Kunde betreibt und
dabei grundlegende Anforderungen seines Kundenkreises abdeckt. Individuelle Anforderungen werden dabei durch das Aktivieren verschiedener Varianten oder wenn notwendig gar durch individuelle Anpassungen, Erweiterungen, und Entwicklungen bedient. Dabei wird sich auch das Geschäftsmodell grundlegend ändern! Beruht das Geschäftsmodell eines ECM-Dienstleisters heute auf Erlösen aus Bereitstellung, Betrieb
und Wartung (Inhouse-Installationen beim Kunden vor Ort), so wird dieses durch die
Cloud abgelöst und in ein verbrauchsabhängiges Modell überführt. Dabei erfolgt die
Rechnungsstellung anhand des Umfangs, der Intensität sowie der Dauer der Nutzung.
Der Preis inkludiert dabei die Kosten der Hardware inkl. Infrastruktur, Softwarelizenzen
sowie Bereitstellung und Wartung.[152] [153] Tabelle 1 zeigt eine Gegenüberstellung zu
erwartender Aufwände einer lokalen Installation im Vergleich zu einer ECM-Cloud-
Lösung. Die Daten und Zahlen stellen eine Extrapolation in Anlehnung eines AIIM-
Whitepapers sowie der Cloud-Plattform „Apps for Business" der Firma Google dar.[154]
[155] Auffällig sind die enormen Fixkosten der Inbetriebnahme einer lokalen Installation.
An dieser Stelle zeigen sich die propagierten geringen Fixkosten einer Cloud-Lösung
deutlich. In Abhängigkeit zu der Anzahl der Nutzer sowie der Nutzungsdauer schwindet
dieser Vorteil jedoch zunehmend. Daher ist es ratsam mögliche Variablen des Cloud-
Geschäftsmodells (z.B. Nutzungsdauer, Anzahl Anwender, Speicherverbrauch) im
Vorhinein für die eigene zukünftige Situation genauestens zu analysieren und mit dem
Abrechnungsmodell der jeweiligen Cloud-Anbieter in Verbindung zu bringen.

---

[152] Vgl. (BITKOM e. V., 2012 S. 10)
[153] Siehe auch (aiim.org - Ed Rawson, 2011 S. 17-19)
[154] (aiim.org - Ed Rawson, 2011)
[155] Siehe http://www.google.com/enterprise/apps/business/, aufruf am 25.08.2010

Aufwände	Lokale Installation	Cloud-ECM
Hardware	15.000 €	---
Software	45.000 €	---
Installation	25.000 €	---
Anpassungen (Realisierung der Anforderungen)	30.000 €	30.000 €
Time to Value	Je nach Dauer der Implementierung (siehe dazu Kapitel 4.4.1)	---
Wartungs- und Betriebskosten	12.000 € pro Jahr	---
Kosten pro Anwender/Monat	---	15€*
		*Zeit- und Mengenunabhängige Nutzung (Flatrate)
Gesamte Fixkosten	115.000 €	30.000 €
Variable Kosten	12.000 € / Jahr	15 € / Anwender / Monat

Kumulierte Kosten in Abhängigkeit der Anzahl der Anwender (Betrachtung des ersten Jahres der Anschaffung)

50 Anwender	127.000 €	39.000 €
150 Anwender	127.000 €	57.000 €
350 Anwender	127.000 €	93.000 €
750 Anwender	127.000 €	165.000 €

Kumulierte Kosten in Abhängigkeit der Nutzungsdauer bei 150 Anwendern

1. Jahr	127.000 €	57.000 €
2. Jahr	139.000 €	84.000 €
3. Jahr	151.000 €	111.000 €
4. Jahr	163.000 €	138.000 €
5. Jahr	175.000 €	165.000 €
6. Jahr	187.000 €	192.000 €
7. Jahr	199.000 €	219.000 €

Tabelle 1: Gegenüberstellung lokale Installation vs. Cloud-ECM[156]

4.2 Gestaltungsmöglichkeiten und Dimensionen

Hat ein Unternehmen noch keine Lösungen aus dem Bereich ECM im Einsatz, ist es denkbar, von Beginn ein SaaS-Angebot zu beziehen und so direkt mit Cloud-Services zu starten. Doch wie kann mit den bereits bestehenden Applikationen verfahren werden, die täglich genutzt werden? In einer Analyse von Gartner[157] wurden fünf Wege für die Migration bestehender Anwendungen in die Cloud herausgearbeitet:

1. Rehosting (Betrieb einer bestehenden Anwendung wird an einen externen Servicepartner übergeben)
2. Refactoring (Übergabe der Anwendung an einem PaaS-Provider unter Beibehaltung des Source-Codes)

[156] Eigene Darstellung
[157] (Watson, 2011)

3. Revision (Modernisierung zum Zwecke der Portierung. Anschließend erfolgt die Übergabe an das Refactoring oder Rehosting)
4. Rebuilding (Neuentwicklung auf PaaS-Basis)
5. Replacement (Ersatz durch SaaS-Angebot)[158]

Eine ECM-Suite als Standardsoftware kann durch die Anwender selbst oder deren Service-Provider nicht in die Paas-Ebene überführt werden. Oftmals ist der Zugriff auf den Quellcode der Anwendungen geschützt bzw. die Veränderung würde gegen geltende Lizenzverträge verstoßen.[159] Somit verbleiben die beiden Möglichkeiten des Rehosting und des Replacement. Das Rehosting verschiebt die Applikation, hier die ECM-Services auf der IaaS-Ebene in die Cloud. Eine ECM-Lösung als IaaS wurde realisiert, jedoch werden Cloud-Vorteile hinsichtlich der Flexibilität eigener Entwicklungen und der Skalierbarkeit der Anwendungen nicht wahrgenommen (siehe auch Abbildung 13). Das Replacement einer Inhouse-Lösung kann unter Berücksichtigung der folgenden Parameter zum Erfolg führen:

✓ Ist der Einsatz einer ECM-SaaS-Lösung einvernehmlich mit der IT-Strategie des Unternehmens?
✓ Ist das Ziel der Aktion mit allen Parteien abgestimmt?
✓ Wurde ein Anforderungskatalog zur Anbieterauswahl erstellt?
✓ Sind mögliche Migrations-Szenarien mit dem Anbieter unter Berücksichtigung aller Schnittstellen und Leistungskapazitäten besprochen worden?[160] [161]

Die Form der ECM-Lösung aus der Cloud und das Abrechnungsmodell bzw. Geschäftsmodell kann dabei von Anbieter zu Anbieter variieren. Hier gilt es im Vorfeld zu klären um welche Art und um welche Ebene des Cloud-Computings es sich handelt: Public oder Private Cloud? Im Rahmen des Cloud-Sourcings ist bei einer Private Cloud wiederum zwischen Managed oder Outsourced zu unterscheiden (siehe Kapitel 3.5). Einen Überblick über rechtliche Besonderheiten beim Einsatz einer Public Cloud folgt in Kapitel 4.4.2. Das Unternehmen muss entscheiden, ob die Bereitstellung der ECM-Services auf der Ebene SaaS, PaaS oder IaaS erfolgen soll. Es ist zu erwarten, dass Komplexität und Anpassungsbedarf je nach Integrations- und Anwendungsszenario von IaaS bis hin zu SaaS steigen werden. Wie bereits erwähnt, kann das Abrechnungsmodell ebenfalls variieren; hier sind zeitbasierte oder mengenbasierte Modelle nach Speicherverbrauch oder der Anzahl an Dokumenten möglich.[162] [163]

---

[158] Vgl. (Watson, 2011)
[159] Siehe dazu (Köhler-Schute, 2011 S. 177), Software ist gemäß §§69a ff. UrhG geschützt.
[160] Vgl. (Watson, 2011)
[161] Vgl. (BITKOM e. V., 2012 S. 19)
[162] Vgl. (BITKOM e. V., 2012 S. 19,20)
[163] Vgl. (Metzger, 2011 S. 61)

4.3 Geeignete ECM-Bereiche bzw. –Lösungen

Um die Frage, geeigneter Einsatzbereiche für ECM-Lösungen aus der Cloud, aus Sicht der Anwender zu identifizieren, kann die Studie der Firma Trovarit AG *„Dokumentenmanagement (ECM/DMS) aus der Cloud: Status Quo &Perspektiven"* [164] ausgewertet werden. Das Ergebnis der Umfrage unter den Anwendern zeigt, dass bereits heute zwischen 50% und 60% der Befragten sich Lösungen aus dem Bereich Web-Content-Management, E-Mail-Management oder der Dokumentenkonvertierung als Service aus der Cloud vorstellen können. Traditionellen Bereichen des ECM wie das Dokumentenmanagement, Archivierung oder Collaboration Management wird durch 30% - 40% der Befragten eine hohe Eignung für den Einsatz in Verbindung mit Cloud-Computing zu gesprochen. Der Einsatz von Invoicing oder BPM in der Cloud wird allgemein eher skeptisch gesehen.[165] Das komplette Ergebnis der Umfrage befindet sich im Anhang.

Das aus Anwendersicht unterschiedliche Eignungspotenzial der einzelnen Bereiche hat verschiedene Ursachen. Zum einen ist dies der Art der Anwendungen geschuldet. Das Web-Content-Management als definierter Web-Service, auf Basis einer aktuellen Programmiersprache, ausgeführt auf einem weit verbreiteten Open-Source-Webserver bietet bereits gute Voraussetzungen für eine Überführung in die Cloud. Das E-Mail-Management eignet sich ebenfalls sehr gut, da Unternehmen bereits heute Spam- und Virenfilter für eingehende E-Mails ihrer eigenen E-Mail-Infrastruktur extern vorgeschaltet haben. So ist es denkbar, in einem zweiten Schritt alle E-Mails aus Gründen der Rechtssicherheit zu archivieren. Eine bekannte Lösung auf diesem Gebiet bietet Postini von Google.[166] Zum anderen spielt die Unternehmensgröße eine Rolle. Kleine und mittlere Betriebe sind den ECM-Lösungen aus der Cloud aufgeschlossener, da Sie zumeist über eine geringere Kapazität an internem IT-Fachpersonal verfügen und die Cloud ihnen hier entgegen kommt. Größere Unternehmen haben aufgrund der deutlich höheren Komplexität ihrer Anwendungslandschaft in Verbindung mit höheren Anforderungen an eine Individualisierung der ECM-Lösungen wesentlich größere Hürden zu überwinden. Hinzu kommt, dass Rechts- und Datenschutzfragen bei großen Unternehmen stärker ins Gewicht fallen.[167]

Im Folgenden soll der Frage nachgegangen werden, welche ECM-Lösungen heute bereits Cloud fähig sind oder ganz aus der Cloud bezogen werden können. Das Unternehmen Gartner veröffentlicht jährlich den Report „Magic Quadrant for Enterprise Content Management". Dieser Report ist eine Analyse des weltweiten ECM-Markts und geht auf die aktuelle Situation sowie die Trends und Visionen der einzelnen Anbieter ein. Die Abbildung des „Magic Quadrant"[168] ist ein fester Bestandteil der jährlichen Neuauflage des Berichtes und zeigt die Position der einzelnen Marktteilnehmer.[169]

---

[164] Siehe auch (Trovarit AG, 2011)
[165] Siehe auch (Trovarit AG, 2011 S. 9)
[166] Siehe http://www.google.com/postini/, http://business.chip.de/artikel/Artikelserie-Cloud-Computing-Teil-5-Google-2_44810854.html, aufgerufen am 05.08.2012
[167] Vgl. (Trovarit AG, 2011 S. 9)
[168] Siehe auch http://www.gartner.com/technology/research/methodologies/research_mq.jsp, aufgerufen am 05.08.2012
[169] Vgl. (Mark R. Gilbert, 2011)

Abbildung 18: Magic Quadrant for Enterprise Content Management[170]

Die Abbildung 18 bewertet auf der Y-Achse die Finanzkraft, die Anpassungsfähigkeit, die Produktentwicklung, die Vertriebskanäle und die Kundenbasis der Anbieter. Die X-Achse reflektiert die Innovationskraft der Anbieter, ob ein Anbieter dem Markt folgt oder ihn anführt und wie stark sich die Ansicht der Marktentwicklung mit der Meinung seitens Gartner deckt. Das Produktportfolio der fünf Marktführer (IBM, Microsoft, Oracle, OpenText und EMC²) und des visionären Anbieters Alfresco werden im Einzelnen auf das Angebot an ECM-Cloud-Lösungen geprüft. Die Analyse wird dabei durch den Bericht „The Forrester Wave: Enterprise Content Management, Q4 2011"[171] der Firma Forrester unterstützt. Das Ergebnis wird anschließend in einer Tabelle zusammengefasst.

IBM:

Als größter globaler Anbieter von ECM-Lösungen hat IBM seine Stärken bei der Verwaltung massenhafter abzulegender digitaler Dokumente und im Bereich Workflow. Viele große Unternehmen vertrauen auf die Produkte des IBM Content Management. Die Herausforderung für IBM ist es nun auch kleinere Unternehmen zu erreichen. Durch die neue Produktfamilie „LotusLive" sollen diese Kunden mit Cloud basierten ECM-Produkten erreicht werden.[172] [173]

Microsoft:

Mit dem Produkt Sharepoint ist Microsoft im ECM-Markt eine feste Größe. Jedoch ist

---

[170] (Mark R. Gilbert, 2011)
[171] (Weintraub, 2011)
[172] Vgl. (Mark R. Gilbert, 2011), http://www-01.ibm.com/software/de/lotus/saas/, http://www-01.ibm.com/software/de/lotus/lotuslive/, aufgerufen am 06.08.2012
[173] Vgl. (Weintraub, 2011 S. 17,18)

SharePoint nicht als vollwertige ECM-Suite zu betrachten, da ECM-Bereiche, wie Capture, Workflow, Records-Management, Preserve nur schwach ausgebaut sind. Den Schritt in die Cloud beabsichtigt Microsoft mit den Produkten SharePoint Online und Office365 zu gehen.[174]

Oracle:

Oracle konzentriert sich stark auf den Bereich Web-Content-Management und profitiert dort durch eine hohe Integration mit anderen Oracle-Produkten, z. B. PeopleSoft. Oracle bietet mit seinem Produkt „Oracle WebCenter Content" Lösungen für nahezu alle ECM-Bereiche. Der Schritt in die Cloud wurde hier noch nicht gewagt. Da Oracle Cloud-Produkte besitzt und sich auf das WCM fokussiert, kann vermutet werden, dass Oracle in Zukunft auch in diese Richtung gehen wird.[175] [176]

OpenText:

OpenText bietet eine umfassende ECM-Suite mit Stärken in der Integration zu SAP- und Microsoft Produkten. Mit dem Produkt „OpenText Tempo" verfügt OpenText bereits über ein Produkt zur gemeinsamen, webbasierten, Verwaltung und Synchronisation von Informationen, einen SaaS-Dienst. OpenText möchte Vorreiter im Bereich ECM-Cloud-Computing sein, da sich die eigene Unternehmensdarstellung diesem Thema sehr stark zugewendet hat. Nach eigener Aussage bietet OpenText Lösungen für das gesamte Spektrum von Enterprise Information Management, kurz EIM, an und zwar auch für die private Cloud oder die Public Cloud.[177] [178]

EMC²:

Die Abkürzung steht für die Nachnamen der Unternehmensgründer, Richard Egan und Roger Marino sowie den beiden Mitgründern Connelly und Curly. EMC² war lange Zeit einer der führenden Anbieter auf dem ECM-Markt. Nachdem EMC² etwas an Boden verloren hat, soll dies mit einem neuen Führungsteam und dem Fokus auf Cloud-Content-Management und Branchenlösungen wieder wettgemacht werden. Mit EMC onDemand will die Firma seine EMC²-Produkte (Captiva, Document Sciences und Documentum) als Cloud-Service anbieten.[179] [180]

[174] Vgl. (Mark R. Gilbert, 2011), http://www.microsoft.com/en-us/office365/sharepoint-online.aspx, http://www.microsoft.com/online/de-de/prodsharepoint.aspx, aufgerufen am 06.08.2012
[175] Vgl. https://blogs.oracle.com/webcenter/entry/introducing_oracle_public_cloud_at, aufgerufen am 06.08.2012, http://www.oracle.com/us/products/middleware/webcenter/content/overview/index.html, aufgerufen am 06.08.2012, (Mark R. Gilbert, 2011)
[176] Vgl. (Weintraub, 2011 S. 18)
[177] Vgl. (Mark R. Gilbert, 2011), http://www.opentext.com/2/global/products/opentext-cloud.htm, http://www.opentext.de/3/global/enterprise-information-management.htm, http://www.opentext.com/2/global/sso_download_open?docpath=/eim/opentext-eim-wp.pdf, http://www.opentext.de/3/global/products/products-document-management/products-opentext-tempo.htm, aufgerufen am 06.08.2012
[178] Vgl. (Weintraub, 2011 S. 18)
[179] Vgl. (Mark R. Gilbert, 2011), http://www.emc.com/campaign/global/cloud/deploy-ecm-cloud-emc-ondemand.htm?pid=prod_ecm-ondemand-021111, http://www.ecmguide.de/Magazin/ECMNews/tabid/186/articleType/ArticleView/articleId/14871/EMC-schickt-Dokumenten-Management-in-die-Cloud.aspx, http://www.emc.com/about/news/press/2011/20110510-09.htm, aufgerufen am 06.08.2012

Alfresco:

Alfresco ist der einzige Open-Source-Anbieter mit einer kompletten ECM-Suite. Alfresco hat sich dem Cloud-Content-Management verschrieben. Ein Beleg dafür ist das Angebot *„Get 10GB of real content management in the cloud for free."* direkt auf der Startseite des offiziellen Internetauftritts. Mit „Alfresco Cloud" stellt die Firma einen SaaS-Service für das Dokumenten-Management bereit. Der SaaS-Service kann mittels Webbrowser oder mobiler Endgeräte (zzt. nur das iPhone) verwendet werden.[181][182]

Die Erforschung der vorgestellten ECM-Anbieter hat gezeigt, dass diese sich ausnahmslos dem Thema ECM-Cloud-Computing zuwenden. ECM-Lösungen als SaaS im Bereich des Dokumenten-Management sind am weitesten verbreitet. OpenText als der weltweit größte unabhängige Anbieter von ECM-Software hat durch die Übernahme der Firma EasyLink Know-How im Bereich Cloud-Computing eingekauft. OpenText sieht sich selbst dabei als der einzige Anbieter, der eine komplette ECM-Suite aus der Cloud anbieten kann.[183] Die Firma EMC² geht einen ganz ähnlichen Weg. Auch EMC² hat im Bereich des Cloud-Computing Know-How eingekauft (z.B. VMware[184]). EMC onDemand bietet eine komplette ECM-Suite bzw. die EMC²-Produkte in einer hybriden Cloud an. Dabei greift EMC² auf seine eigenen Produkte und Tochtergesellschaften (z.B. VMware, RSA) zurück.[185]

Anbieter	ECM-Komponenten	Cloud-Modell	Cloud-Service-Ebene
IBM LotusLive	Manage, Store, Deliver	Public Cloud	SaaS
SharePoint Online	Manage, Store, Deliver	Public Cloud	SaaS
OpenText Tempo	Manage, Store, Deliver	Public Cloud	SaaS
OpenText Cloud	Capture, Manage, Preserve, Store, Deliver	Private oder Public Cloud	SaaS
EMC onDemand	Capture, Manage, Preserve, Store, Deliver	Hybrid Cloud	SaaS
Alfresco Cloud	Manage, Store, Deliver	Public Cloud	SaaS

Tabelle 2: Verfügbare ECM-Komponenten als Cloud-Service[186]

[180] Vgl. (Weintraub, 2011 S. 17)
[181] Vgl. (Mark R. Gilbert, 2011), siehe auch http://www.alfresco.com/, http://www.crn.de/software/artikel-95844.html, http://www.ecmguide.de/Magazin/ECMNews/tabid/186/articleType/ArticleView/articleId/15691/Alfresco-erweitert-ECM-Cloud-mit-Cloud-Management-App.aspx, aufgerufen am 06.08.2012
[182] Vgl. (Weintraub, 2011 S. 16)
[183] Siehe dazu http://www.opentext.com/2/global/press-release-details.html?id=AB6A5496D22540D3BADA0E3210012BBB, aufgerufen am 06.08.2012
[184] Siehe dazu http://www.heise.de/newsticker/meldung/EMC-kauft-VMWare-90349.html
[185] Siehe http://www.emc.com/campaign/global/cloud/deploy-ecm-cloud-emc-ondemand.htm?pid=prod_ecm-ondemand-021111, http://www.ecmguide.de/Magazin/ECMNews/tabid/186/articleType/ArticleView/articleId/14871/EMC-schickt-Dokumenten-Management-in-die-Cloud.aspx, aufgerufen am 06.08.2012
[186] Eigene Darstellung

4.4 Potenziale und Risiken

Kapitel 2. und 3. haben gezeigt, dass zum einen die Masse an Informationen in Zukunft stetig wachsen wird und ECM-Lösungen dabei Hilfestellung zur Strukturierung und Verwaltung bieten. Zum anderen dass das Cloud-Computing Lösungen bietet, um Anwendungen mit vermeintlich geringem Aufwand bereitzustellen, zu betreiben und zu warten (gegenüber dem traditionellen Client-Server-Konzept). Die Vision ist es durch die Kombination aus ECM-Lösungen mit Cloud-Computing ein hohes Nutzenpotenzial zu generieren. Diese Potenziale sollen in Kapitel 4.4.1 vorgestellt werden. Dem Potenzial stehen jedoch auch Risiken gegenüber. Beginnend bei der Entwicklung, über die Einführung und den Betrieb, bis hin zum etwaigen Ausstieg gilt es, Risiken im Vorfeld zu analysieren und laufend zu kontrollieren. Vermeintliche Vorbehalte und Probleme der ECM-Cloud werden in Kapitel 4.4.2 behandelt.

4.4.1 Potenziale

Als grundlegende Vorteile für den Einsatz von ECM-Lösungen aus der Cloud wurden Kostentransparenz, Effizienz und Flexibilität genannt.[187] [188] [189] Dieses deckt sich auch mit den Erwartungen der Anwender (siehe Abbildung 21). Die genannten Vorteile werden in vier verschiedene Kategorien aufgeteilt: 1. Wirtschaftlichkeit, 2. Organisation, 3. Recht und 4. Technik. Diese Kategorien sollen nun mit ihren Vorteilen und Potenzialen im Einzelnen vorgestellt werden.

1. Wirtschaftlichkeit

Wie bereits erwähnt, liegt dem Cloud-Computing ein Geschäftsmodell zu Grunde, das sich am Umfang und an der Intensität der Nutzung orientiert. Die Gesamtkosten ergeben sich dabei aus den Anschaffungskosten in Form einer Einrichtungsgebühr und den nutzungsabhängigen Kosten. Um dieses Geschäftsmodell attraktiv zu gestalten, werden die Anbieter versuchen, die Investitionskosten im Bereich der Anschaffung einer klassischen Lösung zu unterbieten. Die nutzungsabhängigen Kosten können von Anbieter zu Anbieter variieren, mögliche Parameter sind: die Anzahl der Anwender, die Anzahl der Mandanten, die Speicherkapazität, zusätzliche Funktionalitäten oder Beratungskosten durch den Anbieter. Die Kostentransparenz ergibt sich aus dem definierten Leistungskatalog der Anbieter im Zusammenhang mit der nutzungsabhängigen Vergütung. Die oftmals schwer zu planenden Kosten eines Release-Wechsels werden auf den Anbieter übertragen.[190] [191] ECM-Lösungen aus der Cloud können ökonomisch effizient sein, wenn eine Multi Tenancy-Architektur Anwendung findet. Hierbei teilen sich mehrere Kunden eine gemeinsame Instanz und somit verteilen sich auch die Lizenzkosten für das Betriebssystem, die Datenbank oder andere Applikationen. Ein Release-Wechsel muss nur ein einziges Mal durchgeführt werden, je nach Anzahl der

---

[187] Vgl. (BITKOM e. V., 2012 S. 5)
[188] Vgl. (Metzger, 2011 S. 28,29,38-46)
[189] Siehe auch (aiim.org - Ed Rawson, 2011 S. 4,9,11)
[190] Vgl. (BITKOM e. V., 2012 S. 12,13)
[191] Vgl. (Metzger, 2011 S. 29)

Mandanten einer Multi Tenancy-Instanz können so die Aufwände eines Release-Wechsels deutlich verringert werden. Darüber hinaus verteilen sich allgemeine Kosten der Administration, Sicherheit sowie Infrastruktur auf die einzelnen Mandanten. Weitere Einsparungen sind durch ein gemeinsames, größeres Einkaufsvolumen möglich.[192] Die Gegenüberstellung der Tabelle 1 beinhaltet eine Zeile für „Time to Value". Gemeint ist die Zeitspanne von der Anschaffung bis zur produktiven Inbetriebnahme der Lösung. Cloud-Dienstleistungen stehen unmittelbar nach Vertragsabschluss zur Verfügung und die Anpassung an eigene Anforderungen kann begonnen werden. Dieses führt zu einer schnelleren Implementierung, was wiederrum zu Kosteneinsparungen und zu einem schnelleren Mehrwert durch die Nutzung der Lösung führen kann.[193] Die AIIM weist in ihrem Whitepaper[194] auf eine hohe Total Cost of Ownership, kurz TCO, hin. TCO ist eine Methode um die Gesamtbetriebskosten eines Projektes zu ermitteln. Somit können Projekte die in ihrer Art verschieden sind (lokale Installation vs. Cloud-Computing) bewertet und anschließend verglichen werden, um das Ergebnis in einer Entscheidungsgrundlade zu berücksichtigen.[195]

2. Organisation

Die Bereitstellung der ECM-Services aus der Cloud birgt das Potenzial, diese ortsunabhängig über das Internet sowie für mobile Endgeräte anzubieten.[196] So wird die von den Anwendern gewünschte, dezentrale Unternehmensstruktur gefördert. Ein weiterer Vorteil ist, dass die eigene Infrastruktur nicht erweitert werden muss (Beanspruchung von Kapazität des Rechenzentrums, Anschaffung neuer Anwendungs- und Datenbankserver, Personalkosten). Das gilt auch für den Zukauf von Unternehmen. Wird ein Partner oder Konkurrent in das eigene Unternehmen integriert, so kann dieser nahtlos in die bestehende ECM-Lösung integriert werden.[197] Cloud-Anbieter werden ihre Lösung möglichst so gestalten, dass einzelne Kunden einfach und flexibel Anpassungen selbstständig durchführen können. So kann die Support-Abteilung des Anbieters entlastet werden und sich komplexeren Aufgaben widmen. Dieses fördert ebenfalls die Akzeptanz der Anwender.[198] Desweiteren verfügt der Cloud-Anbieter über Fachkompetenz in seiner Lösungsbranche, diese kann als Beratungsdienstleistung abgerufen werden oder findet sich in der Qualität seiner Produkte wieder. Der Anbieter muss sich vielen verschiedenen Anforderungen und Aufgaben seiner Kunden stellen. Diese werden in der für die Kunden einheitlichen Cloud-Lösung realisiert. Dieses birgt das Potenzial das zukünftige eigene Anforderungen bereits berücksichtigt oder bereits realisiert worden sind.[199]

---

[192] Siehe (Metzger, 2011 S. 38,62)
[193] Vgl. (Metzger, 2011 S. 64)
[194] (aiim.org - Ed Rawson, 2011)
[195] Siehe (Metzger, 2011 S. 66,67)
[196] Vgl. (Metzger, 2011 S. 36)
[197] Vgl. (BITKOM e. V., 2012 S. 13)
[198] Vgl. (Metzger, 2011 S. 39,40)
[199] Siehe (Metzger, 2011 S. 40,41)

3. Recht

Der Anbieter einer ECM-Cloud wird sich (je nach Kundenkreis) bereits mit rechtlichen Fragen der Bereitstellung seiner Cloud-Services beschäftigt haben. So kann man von seinen Erfahrungen profitieren und ggf. verfügt dieser bereits über Verfahren um Aufgaben des Datenschutzes nach aktuellen gesetzlichen Anforderungen zu übernehmen. Dieses sollte im Vorfeld geprüft und vertraglich geregelt werden. Die Anforderungen bzgl. revisionssicherer Aufbewahrung von Dokumenten sind oftmals mit Aufwand verbunden. Es ist ebenfalls denkbar, Aufgaben aus dem Bereich Compliance an den Anbieter abzugeben.[200] Verantwortlich ist in erster Linie der Cloud-Nutzer hinsichtlich der Konformität gesetzlicher Anforderungen.[201] Verfügt ein Cloud-Anbieter über Kenntnisse in diesem Bereich oder besitzt gar Verfahren um Rechtskonformität herzustellen, können Cloud-Nutzer dieses zum eigenen Vorteil verwenden.

4. Technik

Die Auslagerung des Betriebsrisikos wurde als einer der favorisierten Gründe einer ECM-Cloud-Lösung genannt. Gemeint sind Risiken beim Change Management (Release-Wechsel, Softwareupdates) und des Betriebs im Allgemeinen. Cloud-Anbieter planen ihre Services redundant und streben die höchstmögliche technische Verfügbarkeit an, da ein Ausfall zumeist mehrere Kunden gleichzeitig trifft. Somit verfügen Cloud-Anbieter über eine höhere Leistungsdimension als einzelne Anbieter; dieses wirkt sich positiv auf die technische Elastizität aus.[202] [203] Die höhere Leistungsdimension kann sich auch in einer besseren Performance gegenüber einer bestehenden lokalen Installation ausdrücken. Denkbar ist ebenfalls das der Cloud-Anbieter feste Reaktionszeiten garantiert. Somit entfallen eigene oftmals sehr aufwendige Wartungsarbeiten im Bereich der Leistungsüberwachung und Leistungsoptimierung.[204]

4.4.2 Risiken

Vor der Einführung einer ECM-Cloud-Lösung gilt es mögliche Risiken zu analysieren und zu bewerten. Der Frage welche Vorbehalte Anwender gegenüber einer ECM-Lösung aus der Cloud haben, ist die Firma Trovarit nachgegangen. Über 50% der Anwender nannten die "Unklarheit über den Aufenthaltsort /Speicherort sensibler Daten", die vermeintliche "Abhängigkeit vom Service-Anbieter", die "mangelnde Datensicherheit" sowie "unklare Rechts- und Haftungsfragen". Weniger Schwierigkeiten werden bei den "Integrations- und Betriebskosten" oder in der „mangelnden technischen Verfügbarkeit des Services" gesehen (siehe auch Abbildung 23 im Anhang). Demnach vertrauen die Anwender darauf, dass ECM-Cloud-Lösungen zuverlässig und zu transparenten Kosten eingekauft werden können. Große Vorbehalte gibt es dagegen im Bereich der Rechtssicherheit. Diese haben zur Ursache das beim Cloud-Computing zu-

---

[200] Vgl. (BITKOM e. V., 2012 S. 14)
[201] Siehe (Köhler-Schute, 2011 S. 187)
[202] Vgl. (BITKOM e. V., 2012 S. 15)
[203] Vgl. (Metzger, 2011 S. 35-39)
[204] Vgl. (Metzger, 2011 S. 87)

nächst unklar ist, wo und durch welche Subunternehmen die Anwenderdaten verarbeitet und letzten Endes gespeichert werden.[205] Das komplette Ergebnis der Umfrage befindet sich im Anhang. Die Risiken sollen analog zu den Potenzialen in vier Kategorien erläutert werden:

1. Wirtschaftlichkeit

Ein wirtschaftliches Risiko stellt die Abhängigkeit zum Anbieter dar. Unvorhersehbare Kosten können beim Ausstieg oder beim Wechsel des Anbieters entstehen. Der Anbieter wird sich den Export aller Anwenderdaten in ein offenes, weiterverarbeitungsfähiges Format sowie die Übergabe der Daten bezahlen lassen. Die hohe Abhängigkeit zum Anbieter zeigt sich auch beim Thema Datenverlust. Zum einen kann der Verlust der eigenen Daten eine existenzbedrohende Situation hervorrufen und zum anderen können Gewinne entgehen da Kundenaufträge nicht verarbeitet oder gar angenommen werden können. Cloud-Anbieter streben nach einer hohen Standarisierung ihrer Services. Neue bzw. individuelle Anforderungen zwingen den Anbieter seine Software für einzelne Kunden individuell anzupassen, diese Anpassungen müssen ggf. teuer erkauft werden. Ein weiteres Risiko birgt die unvorhersehbare Beanspruchung der ECM-Cloud hinsichtlich der Anzahl der Anwender oder der Intensität der Nutzung in Abhängigkeit zum Abrechnungsmodell. Das fiktive Beispiel der Tabelle 1 hat gezeigt, dass bei einem Anstieg der Anzahl der Anwender die Gesamtkosten einer Cloud-Lösung stark steigen können. Auch die Kosten der WAN-Anbindung oder des vom Cloud-Anbieter berechneten Speicherverbrauchs (je nach Abrechnungsmodell) können bei überproportionaler Nutzung sich zu einem wirtschaftlichen Risiko entwickeln.[206] [207]

2. Organisation

Die Komplexität der eigenen IT-Infrastruktur kann durch den Einsatz von Cloud-Lösungen nur reduziert werden, wenn fachliche Funktionen vollständig in der Cloud aufgehen, eine komplette Daten-Migration erfolgt ist und interne Systeme abgebaut werden. Daher ist es unerlässlich noch vor der Entscheidung für oder gegen eine ECM-Cloud-Lösung die fachlichen Detailanforderungen schriftlich zu fixieren. Manche Anbieter bieten eine kostenlose Teststellung, dies ermöglicht es die Lösungen hinsichtlich der eigenen Anforderungen zu überprüfen. Somit stellt eine unvollständige Migration oder Neueinführung einer ECM-Lösung das Risiko einer temporären oder gar dauerhaften doppelten organisatorischen und somit auch wirtschaftlichen Belastung dar. Eine weitere Gefahr birgt die Zusammenarbeit der verschiedenen Fachabteilungen. Cloud-Produkte erfordern die Abstimmung der Fach- ,IT- und Rechtsabteilung sowie ggf. dem Betriebsrat. Umgeht eine Abteilung diesen Abstimmungsprozess um möglichen Reibungen aus dem Weg zu gehen, geht dies mit der Gefahr Datenschutzgesetze oder die interne Compliance zu verletzen einher. Es ist ebenfalls denkbar, dass ohne interne Absprachen Daten unvollständig oder gar falsch migriert werden oder dass

---

[205] Vgl. (Trovarit AG, 2011 S. 7,8)
[206] Vgl. (BITKOM e. V., 2012 S. 16)
[207] Vgl. (Metzger, 2011 S. 29)

die Netzwerkperformance sinkt. Ein weiteres Risiko stellt die Anpassungsfähigkeit der eigenen Lösung beim Cloud-Anbieter dar. Kann der Kunde keine Änderungen an der Konfiguration durchführen, so ist er auf die Verfügbarkeit des Anbieters angewiesen. Dieses verringert die Flexibilität dringende Anpassungen entsprechend zu priorisieren und zeitnah umzusetzen. Gleiches gilt für Mandanten übergreifende Anpassungen oder Software-Updates. Diese müssen ggf. mit anderen Kunden abgesprochen werden oder hinsichtlich der Kompatibilität der Konfiguration anderer Kunden geprüft werden. Somit kann sich die Realisierung notwendiger Anpassungen verzögern oder gar verweigert werden.[208] [209]

3. Recht

Ein gewichtiger Vorbehalt gegenüber der Einführung einer ECM-Cloud-Lösung ist die Unkenntnis der technischen Verbindungen des Cloud-Anbieters mit dessen Service-Anbietern. Beim Transport, der Verarbeitung sowie der abschließenden Speicherung der Daten bleibt zunächst verborgen ob Dritte Zugriff auf die Daten erlangen können und welche Orte (Rechts-Räume) die Daten dabei durchlaufen. Die Vorbehalte werden durch mangelnde Rechtskenntnisse gestärkt, da sich viele Anwender aufgrund ihrer bestehenden lokalen IT-Systeme derartigen Fragen noch nicht gestellt haben. Rechtliche Grundlagen sowie mögliche juristische Fallstricke sollen an dieser Stelle vorgestellt werden.[210] [211] Bei Angeboten des Cloud-Computing handelt es sich um Verträge die im Wesentlichen einen mietvertraglichen Charakter aufweisen (§§535 ff. BGB). Daraus ergibt sich für die Anbieter die mietrechtliche Garantieverpflichtung sein Leistungsangebot unterbrechungsfrei verfügbar zu halten.[212] Instrumente der Vertragsgestaltung hinsichtlich der Risikosteuerung sind die Haftungsbegrenzungen und die Freistellungsregelungen. Die Haftungsbegrenzung limitiert die Haftung, hier des Anbieters, indem bestimmte Konstellationen beschrieben werden. Die Freistellungsregelung beschreibt Konstellationen in denen der Begünstigte, hier der Anwender, vom Vertragspartner freigestellt wird. Auch wenn diese Begrenzungen von der Rechtsprechung kritisch beäugt werden oder gar vom BGH als unwirksam bewertet werden, sollten alle Verträge daraufhin geprüft werden.[213] Eine der größten Herausforderungen des Cloud-Computing stellt das Thema Datenschutz dar. Datenschutzrechtliche Bestimmungen greifen sobald personenbezogene Daten betroffen sind. Gemeint sind Angaben über persönliche oder sachliche Verhältnisse einer bestimmten oder bestimmbaren Person (diese wird nach § 3 Abs. 1 BDSG auch als Betroffener bezeichnet), bspw. Ansprechpartner, Kundendaten oder Personaldaten. Eben diese Personen schützt das Datenschutzgesetz. Das heißt der Ursprung des Datenschutzrechts ist das Verhältnis des Cloud-Nutzers zu seinen Kundendaten, nicht alleine das Verhältnis zwischen Cloud-Nutzer und Cloud-Anbieter. Der Cloud-Anbieter ist ein „Fremder" der durch die Gewalt über die Daten eine Gefährdung des Datenschutzes darstellt. Dieses stellt ein potenzi-

[208] Vgl. (BITKOM e. V., 2012 S. 16,17)
[209] Vgl. (Metzger, 2011 S. 27,28)
[210] Vgl. (Köhler-Schute, 2011 S. 166)
[211] Vgl. (Metzger, 2011 S. 47,48)
[212] Vgl. (Köhler-Schute, 2011 S. 170,171)
[213] Siehe (Köhler-Schute, 2011 S. 176)

elles Risiko dar, wenn personenbezogene Daten (in der Cloud) Landesgrenzen über-
schreitend, verteilt bei „Fremden" gespeichert und verwendet werden.[214] Ob das deutsche Datenschutzrecht Anwendung findet bestimmt das Verhältnis vom Cloud-Nutzer
zum Betroffenen. Es wird aktiv wenn personenbezogene Daten im Inland erhoben oder
verwendet werden. Erfolgt die Datenerhebung oder -verwendung innerhalb der Europäischen Union (EU) oder des Europäischen Wirtschaftsraums (EWR), so gilt das Datenschutzrecht am Sitz dieses Unternehmens. Verlassen die Daten die EU / EWR so
muss beim Cloud-Anbieter in diesem Drittstaat ein angemessenes Datenschutzniveau
nach Maßgabe des BDSG hergestellt werden. Die Verantwortung dafür liegt beim
Cloud-Nutzer.[215] Das Cloud-Computing ist ohne die Einbeziehung des Cloud-Anbieters
in die datenschutzrechtliche Datenerhebung und -verwendung nicht möglich. An dieser
Stelle gibt es zwei grundsätzliche Möglichkeiten. Zum einen wird der Cloud-Anbieter
als eigenverantwortlicher und weisungsunabhängiger Dienstleister gesehen. Somit
bedarf es einer Zulässigkeitsregelung für die Übermittlung der Daten an den Cloud-
Anbieter. Dieses kann eine gesetzliche Regelung oder die Einwilligung des Betroffenen
sein. Die Zustimmung aller Betroffenen wird je nach Anzahl und Art der notwendigen
Einwilligungen kaum zu realisieren sein. Eine gesetzliche Regelung (§ 28 Abs. 1 S. 1
Nr. 2 BDSG) sieht eine Abwägung der Interessen der Auslagerung (in die Cloud) gegenüber den schutzwürdigen Interessen der Betroffenen vor. Da eine Abwägung von
Fall zu Fall unterschiedlich ausfallen kann und eine Aufsichtsbehörde eher restriktiv
urteilt ist diese Option wenig zielführend. Zum anderen besteht die Möglichkeit nach
Maßgabe des Datenschutzrechts einen Vertrag über die Auftragsdatenverarbeitung zu
erarbeiten. Voraussetzung ist hierbei, dass es nicht zu einer sogenannten Funktions-
übertragung kommt. Gemeint ist das der Cloud-Anbieter in Bezug auf den Umgang mit
den personenbezogenen Daten nur strikt weisungsgebunden und ohne eigenen Ent-
scheidungsspielraum agiert.[216] Auf Details bei der Gestaltung eines Vertrags über die
Auftragsdatenverarbeitung kann im Rahmen dieser Arbeit nicht eingegangen werden,
dieses zeigt auch das aufgrund der Komplexität und sich fortwährend ändernden
Rechtslage eine juristische Fachkompetenz unerlässlich ist. Der Cloud-Anbieter muss
geeignete Maßnahmen zum Schutz der Daten des Cloud-Nutzers treffen. Aufgabe des
Cloud-Nutzers ist es zu kontrollieren, ob diese Maßnahmen tatsächlich umgesetzt worden sind. Der Cloud-Nutzer kann sich diese Kontrollen durch Zertifikate oder Testate
bestätigen lassen. Diese müssen selbstredend den Anforderungen der Rechtssicherheit sowie der besonderen Gefährdungslage des verteilten Cloud-Computing gerecht
werden. Es findet demnach nicht parallel zur Auslagerung der Daten auch eine Auslagerung der eigenen Verantwortung statt. Ganz im Gegenteil der Cloud-Nutzer ist für
die Einhaltung des Datenschutzes auf Seiten des Cloud-Anbieters verantwortlich.[217]
Daher ist die Betrachtung der vom Cloud-Anbieter eingesetzten Subunternehmer unabdinglich. Es empfiehlt sich Informationen über die Subunternehmer des Cloud-

---

[214] Vgl. (Köhler-Schute, 2011 S. 182,183)
[215] Vgl. (Köhler-Schute, 2011 S. 183,184)
[216] Vgl. (Köhler-Schute, 2011 S. 184,185)
[217] Siehe auch (Köhler-Schute, 2011 S. 187)

Anbieters einzufordern und vertraglich festzulegen welche Tätigkeiten ein Subunternehmer mit oder ohne Zustimmung des Cloud-Nutzers durchführen darf.[218]

Noch vor der Inbetriebnahme der Cloud-Lösung müssen Fragen der Datensicherung (Backup, Dauer der Wiederherstellung) sowie der Datensicherheit (Schutz der Daten vor Dritten, hierzu zählt auch staatlich geduldete bzw. organisierte Spionage) geklärt werden. Generelle IT-Sicherheitsaspekte, bspw. Zutritts-, Zugangs- und Zugriffskontrolle sind vom Cloud-Nutzer schlecht zu kontrollieren, auch an dieser Stelle kann es notwendig sein Vereinbarungen schriftlich zu fixieren um gesetzlichen Anforderungen zu genügen. Ebenfalls sinnvoll ist es, besonders im Rahmen einer ECM-Lösung, die internen und externen Compliance-Anforderungen schriftlich zu fixieren, der Anbieter muss die Einhaltung dieser bestätigen.[219] [220] [221] Werden alle genannten Erwägungen beachtet und erfolgt eine sorgfältige Vertragsgestaltung so kann Cloud-Computing rechtskonform betrieben werden. Das Risiko in diesem Bereich ist zum einen, dass die Flexibilität der Gestaltung der ECM-Cloud-Lösung durch rechtliche Anforderungen eingeschränkt werden kann. Zum anderen, dass aufgrund der Dynamik des Cloud-Computing und dessen geografische Verteilung sich rechtliche Grundlagen ändern und somit im schlimmsten Fall die Rechtskonformität aufgelöst wird.[222] [223] [224]

4. Technik

Die Situation einer technischen Störung sollte mit dem Cloud-Anbieter durchgesprochen werden. Geschäftskritische Anwendungen erfordern eine schnelle und zielführende Beseitigung technischer Störungen. Dazu muss geklärt sein wie der Anbieter mit derartigen Problemen umgeht. Zu empfehlen ist, dass der Anbieter definierte Verfahren besitzt. Es sollte ebenfalls in Erfahrung gebracht werden wie oft in der Vergangenheit Störungen aufgetreten sind und ob es Redundanzen im Bereich der IT-Infrastruktur gibt. Ein weiteres Risiko birgt die Anbindung der Anwender an die Cloud. Im Vorhinein muss geklärt werden, ob die Leistung der WAN-Anbindung auch bei Anwendung von Verschlüsselungstechniken sowie bei der Übertragung großer Dateien in angemessener Zeit die Anfragen der Anwender bedienen kann. Die WAN-Anbindung stellt ein besonders großes Risiko dar, da bei einem Ausfall oder bei einer schwachen Performance die Akzeptanz der Anwender sinkt.[225] [226]

Die Vielzahl potenzieller Risiken lässt den Einsatz einer ECM-Cloud auf den ersten Blick unmöglich erscheinen. Ein geeignetes Mittel ist an dieser Stelle die Risikoanalyse. Dabei werden die Bedenken bzw. die Risiken gesammelt und in verschiedenen Kategorien eingeordnet. Diese werden anschließend einzeln betrachtet um notwendige

---

[218] Vgl. (Köhler-Schute, 2011 S. 188)
[219] Vgl. (BITKOM e. V., 2012 S. 17)
[220] Vgl. (Köhler-Schute, 2011 S. 189)
[221] Vgl. (Metzger, 2011 S. 59)
[222] Vgl. (BITKOM e. V., 2012 S. 26)
[223] Vgl. (Köhler-Schute, 2011 S. 191)
[224] Vgl. (Metzger, 2011 S. 58,59)
[225] Vgl. (BITKOM e. V., 2012 S. 18)
[226] Vgl. (Metzger, 2011 S. 29)

Maßnahmen abzuleiten. Maßnahmen können zum Beispiel das anfordern weiterer Details beim Cloud-Anbieter sein oder die Absprache mit einzelnen Fachbereichen. Eine abschließende Bewertung der Risiken wird dokumentiert, um diese später in eine Entscheidungsvorlage einzubeziehen.[227] Um eine Übersicht über die verschiedenen Risiken der verschiedenen Kategorien zu gewinnen, lässt sich folgender Risikocluster erstellen:

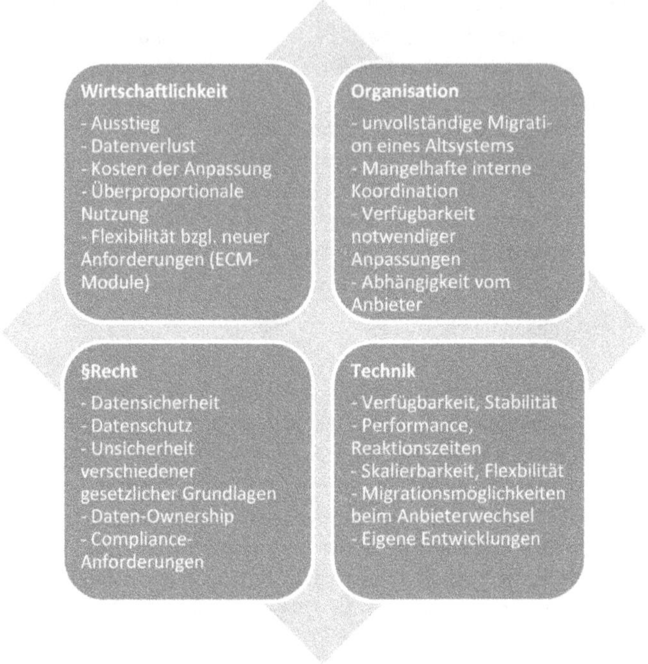

Abbildung 19: Risikocluster ECM-Cloud[228]

---

[227] Vgl. (Metzger, 2011 S. 151)
[228] In Anlehnung an (Metzger, 2011 S. 152)

5. Schlussbetrachungen

Die Entstehung einer Informationsgesellschaft wurde bereits Anfang des 20. Jahrhunderts prognostiziert und heute sind Unternehmen weltweit über das Internet miteinander verbunden. Um die unentwegt steigende Anzahl ein- und ausgehender digitaler Informationen zu beherrschen, bietet Enterprise Content Management Hilfestellungen bei der Organisation digitaler Informationen jeglicher Art und Quelle. Moderne Enterprise Content Management Systeme stellen sich dabei der Dynamik und der Komplexität unternehmerischer Anforderungen. Informationen werden unter Berücksichtigung der Nachweispflicht gegenüber Dritten gespeichert, um diese so schnell und so einfach wie möglich dort bereitzustellen wo diese gebraucht werden.

Dabei wächst der Funktionsumfang einzelner ECM-Komponenten stetig weiter und die technische Architektur passt sich seiner Umgebung an, um neuen Anforderungen stand halten zu können. Marktforscher sehen das Cloud-Computing weiterhin als ein Hype-Thema an. Unternehmen und Anwender hingegen haben Cloud-Produkte bereits akzeptiert und sehen im Cloud-Computing eine Strategie der Zukunft. Auch das Enterprise Content Management wurde zu Beginn als ein Hype gesehen und hat bis heute keinen Stillstand erfahren. Betrachtet man den Wandel der ECM-Definitionen, so kann man davon ausgehen, dass sich ECM nicht gänzlich neu definieren wird, vielmehr wird sich der Blickwinkel vergrößern. Cloud-Computing hat das Potenzial ein fester Bestandteil des Enterprise Content Management zu werden.

Die Betrachtung der Marktführer der ECM-Branche zeigt, dass bereits heute ECM-Cloud-Lösungen verfügbar sind. Die Cloud-Adaption der eigenen Produkte durch die Anbieter ist kein Geheimnis, sondern vielmehr Werbung für die eigenen Lösungen. Dieses drückt zum einen das Vertrauen in Cloud-Computing als Trend der Zukunft aus und zeigt zum anderen, dass Unternehmen in Zukunft vor der Wahl zwischen einer gehosteten ECM-Cloud und einer lokalen ECM-Installation stehen werden.

Die Herausforderung in Bezug auf eine ECM-Cloud-Lösung ist es, neben grundlegenden Kenntnissen der vielschichtigen ECM-Bereiche, die verschiedenen Cloud-Modelle und die Ebenen der Cloud-Services zu erkennen, um die jeweilige Gestaltungsform des Cloud-Computings abzuleiten. Nur so können Unternehmen die Geschäftsmodelle einzelner Cloud-Anbieter vergleichen, die Eignung für bestimmte ECM-Szenarien bewerten und die einzelnen ECM-Cloud-Lösungen den eigenen Anforderungen gegenüberstellen. Dabei stehen Unternehmen einer Vielzahl an Potenzialen und Risiken gegenüber. Das Cloud-Computing ermöglicht es bei geringen Investitionskosten neue IT-Lösungen, in vergleichsweise kurzer Zeit, in Betrieb zu nehmen. Im Verbund mit einem Pay-per-Use-Angebot lässt sich Kostentransparenz herstellen und die Planungssicherheit hinsichtlich zukünftiger Ausgaben wird verbessert. Diese Vorteile werden mit der wirtschaftlichen sowie organisatorischen Abhängigkeit vom Cloud-Anbieter bezahlt. Das Vertrauen in den gewählten Provider ist daher enorm wichtig. Nur so werden Unternehmen ihre eigene Infrastruktur vollständig rationalisieren. Dieses ist unabdinglich um interne Aufwände zu optimieren bzw. diese in das Pay-per-Use-Modell zu überführen. Hat ein Unternehmen diese Strategie konsequent verfolgt, werden eigene Ressourcen entlastet, um diese den Kernprozessen des Unternehmens zur Verfügung zu stellen. Dieses wird im Allgemeinen durch Cloud-Computing gefördert, da der Betrieb der IT-Lösung vollständig auf den Cloud-Anbieter übergeht. Dabei überträgt sich auch das Betriebsrisiko auf den Anbieter. Der Anbieter einer Cloud-Lösung wird durch den Einsatz hochverfügbarer sowie ausgesprochen leistungsfähiger Hardwareressourcen versuchen das Risiko eines Ausfalls zu minimieren. An dieser Stelle profitieren die Unternehmen in zweierlei Hinsicht. Zum einen durch die hohe Leistungsdimension der Cloud-Plattform an sich und zum anderen dadurch sich nicht mit derartigen Problemen auseinander setzen zu müssen. Sind die Ressourcen einer In-House-Lösung hinsichtlich der Leistung erschöpft, so müssen mögliche Lösungen gesichtet, geplant und umgesetzt werden. Dem gegenüber steht die hohe technische Abhängigkeit zum Cloud-Anbieter.

Große Bedenken herrschen aktuell beim Einsatz von Cloud-Dienstleistungen in Bezug auf die Rechtssicherheit. Dieses wird im Kontext einer ECM-Lösung zusätzlich verstärkt, da unternehmensrelevante Dokumente in die Hände des Cloud-Anbieters gegeben werden. Die Darstellung rechtlicher Grundlagen hat gezeigt, dass diese sehr vielfältig sind und ggf. Rechtsprechungen verschiedener Länder zu beachten sind. Unternehmen werden aufgrund der juristischen Komplexität kaum auf juristische Fachkompetenz verzichten können.

Abschließend lässt sich festhalten das Enterprise Content Management und Cloud-Computing Themen sind, die uns auch in Zukunft begleiten werden. Eine generelle Empfehlung für oder wider eine ECM-Cloud-Lösung kann nicht ausgesprochen werden. Diese Arbeit zeigt das Enterprise Content Management im Verbund mit Cloud-Computing ein komplexes Thema darstellt. Für die Betrachtung von ECM-Cloud-Lösungen sind daher grundlegende Kenntnisse zu diesen Themen unerlässlich. Unternehmen müssen die eigenen Fähigkeiten, die interne Organisation sowie die interne Kostensituation erfassen, um ECM-Cloud-Angebote auswerten zu können. Sind diese Kenntnisse vorhanden können Unternehmen ECM-Cloud-Lösungen durch detaillierte Betrachtung bewerten. Das Ergebnis dieser Betrachtung sollte für Unternehmen unabhängig ihrer Größe folgende Vorteile herausstellen: Die Wirtschaftlichkeit verbessert sich (dieses sollte der größte erreichbare Vorteil sein), die eigene Flexibilität steigt, der Betrieb beim Cloud-Anbieter bietet nutzbare Servicevorteile und die Umsetzungsgeschwindigkeit ist gegenüber einer lokalen Installation höher. Sind diese vier grundlegenden Vorteile gegeben so ist der Einsatz einer ECM-Cloud-Lösung in Erwägung zu ziehen.

Anhang

Beispiel für eine XML-Datei:

```xml
<?xml version="1.0"?>
<Rechnungen>
  <Rechnung Nummer="25487212" Datum="28.03.2011">
    <Kunde Name="XYZ AG" Kundennummer="12345678">
      <Adresse Straße="Musterstraße 1" Stadt="Berlin"
        Land="Deutschland" PLZ="14197"/>
    </Kunde>
    <Archivbeleg ID="548752124878521" Filename="12345678.pdf">
    <Positionen Nummer="1" Bezeichnung="Artikel 1" Artikel-Nr="11111"
      Anzahl="11" Preis="21,35">
    <Positionen Nummer="2" Bezeichnung="Artikel 2" Artikel-Nr="12222"
      Anzahl="22" Preis="299,35">
    <Positionen Nummer="3" Bezeichnung="Artikel 3" Artikel-Nr="12233"
      Anzahl="1" Preis="49,65">
  </Rechnung>
</Rechnungen>
```

ECM-Definitionen nach AIIM der vergangenen Jahre:

2000

The technologies used to create, capture, customize, deliver, and manage enterprise content to support business processes.[229]

2003

The technologies used to capture, manage, store, deliver, and preserve information to support business processes.[230]

Late 2005

Enterprise content management is the technologies used to Capture, Manage, Store, Preserve, and Deliver content and documents related to organizational processes.

Early 2006

Enterprise content management is the technologies used to Capture, Manage, Store, Preserve, and Deliver content and documents related to organizational processes. ECM tools and strategies allow the management of an organization's unstructured information, wherever that information exists.

Early 2008

Enterprise Content Management (ECM) is the strategies, methods and tools used to capture, manage, store, preserve, and deliver content and documents related to organizational processes. ECM tools and strategies allow the management of an organization's unstructured information, wherever that information exists.

Early 2010

Enterprise Content Management (ECM) is the strategies, methods and tools used to capture, manage, store, preserve, and deliver content and documents related to organizational processes. ECM covers the management of information within the entire scope of an enterprise whether that information is in the form of a paper document, an electronic file, a database print stream, or even an email.[231]

---

[229] Siehe (PROJECT CONSULT, 2010)
[230] Siehe (Kampffmeyer, 2006 S. 4)
[231] Siehe ECM Definitions from AIIM ,http://ecmroad.wordpress.com/2011/08/01/ecm-definitions-from-aiim/ , Aufruf am 28.07.2012

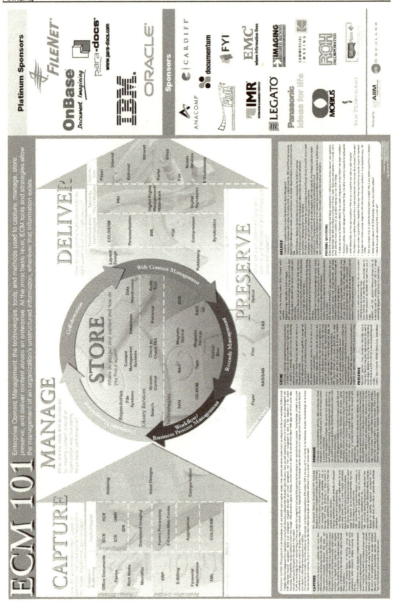

Abbildung 20: Poster „ECM101"[232]

[232] http://www.dartmouth.edu/~library/recmgmt/forms/ECM101.pdf?mswitch-redir=classic, aufgerufen am 06.07.2012

Tabelle 3: Rechtsvorschriften und Archivierung[233]

Regelung, Gesetz	Anforderung
HGB, AO, GoBS	Unveränderbarkeit und Vollständigkeit; Einhaltung der Aufbewahrungsfristen, Existenz einer Verfahrensdokumentation
Umsatzsteuerrecht	Archivierung von Rechnungen; Anforderungen für elektronische Rechnungen mit qualifizierter digitaler Signatur
GDPdU	Bereitstellung von Daten und Dokumenten im Rahmen der Außenprüfung
Zivielrecht, BGB	Sicherstellung der Unveränderbarkeit und Vollständigkeit
Produkthaftung	Prozessdokumentation der Archivierung; Aufbewahrungsfristen
Signaturgesetz	Nutzung der digitalen Signatur
Datenschutzgesetz	Einrichtung eines Berechtigungskonzeptes; Verwaltung personenbezogener Daten
Basel II	Bereitstellung von Auswertungen für das Risiko-Controlling
Sarbanes-Oxley-Act	Nur für in den USA börsennotierte Unternehmen

10 Archiv-Gebote des Verbands der Organisations- und Informationssysteme (VOI): [234]

1. Jedes Dokument muss unveränderbar archiviert werden.
2. Es darf kein Dokument auf dem Weg in das Archiv oder im Archiv selber verloren gehen.
3. Jedes Dokument muss mit geeigneten Retrievaltechniken wieder auffindbar sein.
4. Es muss genau das Dokument gefunden werden, das gesucht wurde.
5. Kein Dokument darf während seiner vorgesehenen Lebenszeit zerstört werden können.
6. Jedes Dokument muss in genau der Form, in der es erfasst wurde, angezeigt werden können.
7. Jedes Dokument muss zeitnah wiedergefunden werden können.
8. Alle Aktionen im Archiv, die Veränderungen in der Organisation und Struktur bewirken, sind derart zu protokollieren, dass die Wiederherstellung des ursprünglichen Zustands möglich ist.
9. Elektronische Archive sind so auszulegen, dass eine Migration auf neue Plattformen, Medien, Software-Versionen und Komponenten ohne Informationsverlust möglich ist.
10. Das System muss dem Anwenderermöglichen, die gestzlichen Bestimmungen sowie die betrieblichen Vorgaben des Anwenders hinsichtlich Datensicherheit und Datenschutz über die Lebensdauer des Archivs sicherzustellen.

---

[233] Siehe (Riggert, 2009 S. 147)
[234] Siehe (Riggert, 2009 S. 153)

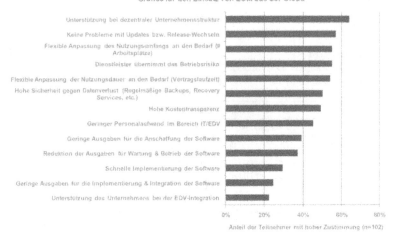

Abbildung 21: Gründe für den Einsatz von ECM aus der Cloud[235]

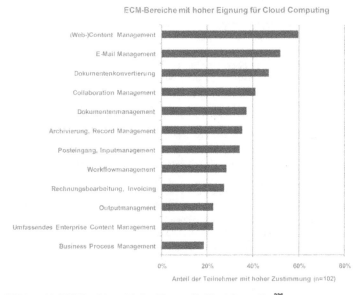

Abbildung 22: ECM-Bereiche mit hoher Eignung für Cloud-Computing[236]

---

[235] (Trovarit AG, 2011 S. 7)
[236] (Trovarit AG, 2011 S. 10)

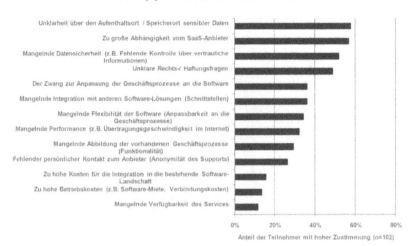

Abbildung 23: Gründe gegen den Einsatz von ECM aus der Cloud[237]

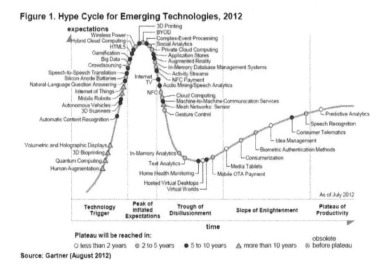

Abbildung 24: Cloud Computing Hype Cycle 2012[238]

---

[237] (Trovarit AG, 2011 S. 8)
[238] Siehe http://www.computerwoche.de/software/bi-ecm/2520636/, aufgerufen am 25.08.2012

Literaturverzeichnis

aiim.org - Ed Rawson. 2011. Cloud Enterprise Content Management. [Online] 05 2011. www.aiim.org/documents/.../Cloud_ECM_Presentation_V5_AIIM_WP.pdf.

Bärfuss, Dr. Hans. 2007. PDF/A – Ein Standard für die Langzeit-Archivierung. [Online] PDF Tools AG, 06. 01 2007. [Zitat vom: 07. 08 2012.] http://www.pdfa.org/2007/01/pdfa-%E2%80%93-ein-standard-fur-die-langzeit-archivierung/?lang=de.

Baun, Christian/Kunze, Marcel/Nimis, Jens/Tai, Stefan. 2010. *Baun, Christian/Kunze, Marcel/Nimis, Jens/Tai, Stefan, Cloud Computing: Web-basierte dynamische IT-Services.* Berlin und Heidelberg : Springer-Verlag, 2010.

BITKOM e. V. 2009. Cloud Computing - Evolution der Technik, Revolution im Business. [Online] Oktober 2009. [Zitat vom: 19. Juni 2012.] http://www.bitkom.org/files/documents/BITKOM-Leitfaden-CloudComputing_Web.pdf.

—. 2012. ECM in the Cloud. [Online] 02 2012. http://www.bitkom.org/files/documents/BITKOM_Leitfaden_ECM_in_derCloud%281%29.pdf.

Bogatin Donna, zdnet. 2006. Google CEO's new paradigm: 'cloud computing and advertising go hand-in-hand'. [Online] 23. August 2006. [Zitat vom: 09.06.2012. Juni 2012.] http://www.zdnet.com/blog/micro-markets/google-ceos-new-paradigm-cloud-computing-and-advertising-go-hand-in-hand/369.

Bowen, Fillmore und Group, IBM Software. 2009. How SOA can ease your move to cloud computing. [Online] 2009. [Zitat vom: 17. Juni 2012.] http://www-01.ibm.com/software/solutions/soa/newsletter/nov09/article_soaandcloud.html.

Bundesamt für Sicherheit in der Informationstechnik. 2010. BSI-Mindestsicherheitsanforderungen an Cloud-Computing-Anbieter. [Online] 27. September 2010. [Zitat vom: 14. Juni 2012.] https://www.bsi.bund.de/SharedDocs/Downloads/DE/BSI/Mindestanforderungen/Cloud_Computing_Mindestsicherheitsanforderungen_2010.pdf?__blob=publicationFile.

Bundesverband Informationswirtschaft, Telekommunikation und neue Medien e. V. 2012. Enterprise Content Management, Archiv, DMS, ECM und Co.Überblick und Begriffserläuterungen. [Online] 29. Februar 2012. [Zitat vom: 21. 07 2012.] http://www.bitkom.org/60376.aspx?url=Leitfaden_ECM_Ueberblick_Definition(1).pdf&mode=0&b=Themen.

Buyya / Broberg / Goscinski . 2011. *Cloud Computing Principles and Paradigms.* Hoboken, NJ : Wiley, 2011.

Chang, William Y./Abu-Amara, Hosame/Sanford, Jessica Feng. 2010. *Transforming Enterprise Cloud Services.* Dordrecht, Heidelberg, London, New York : Springer-Verlag, 2010.

computerwoche.de, . 2012. Eine Stadt in der Cloud: Private Cloud in der Praxis. [Online] 19. Juni 2012. [Zitat vom: 23. Juni 2012.] http://www.computerwoche.de/management/cloud-computing/1235058/.

Fröschle, Hans-Peter und Reich, Siegfried. 2007. *Enterprise Content Management.* Stuttgart : Dpunkt Verlag, 2007. 978-3898644563.

Grenzebaçh, Elisabeth. 2007. Collaboration: Zusammenarbeit gewusst wie. [Online] 29. 03 2007. [Zitat vom: 04. 08 2012.] http://www.ecmguide.de/DMSundECM/ECM/tabid/257/articleType/ArticleView/articleId/9465/Collaboration-Zusammenarbeit-gewusst-wie.aspx.

Gulbins, Jürgen, Seyfried, Markus und Strack-Zimmermann, Hans. 1999. *Dokumenten-Management : vom Imaging zum Business-Dokument.* Berlin : Springer, 1999. 3-540-61595-4.

HP Enterprise Software. 2012. Data Center Automation. [Online] 2012. [Zitat vom: 17. Juni 2012.] http://www8.hp.com/de/de/software/software-solution.html?compURI=tcm:144-937043.

Jaatun, Martin Gilje/Zhao, Gansen/Rong, Chunming (Hrsg.). 2009. *Cloud Computing: First International Conference.* Beijing, China : Springer Berlin Heidelberg; Auflage: 1st Edition. (24. November 2009), 2009.

Kampffmeyer, Dr. Ulrich. 2003. ECM - Zwischen Vision und Realität. [Online] 2003. [Zitat vom: 26. 07 2012.] www.project-consult.net/files/ecm_whitepaper_20031027.pdf.

Kampffmeyer, Ulrich. 2006. Enterprise Content Management. [Online] 2006. [Zitat vom: 26. 07 2012.] http://www.project-consult.net/files/ecm_white%20paper_kff_2006.pdf. 978–3–936534–09–8.

Kenneth C. Laudon, Jane P. Laudon, Detlef Schoder. 2010. *Wirtschaftsinformatik, eine Einführung.* New York, München : Addison-Wesley Verlag, 2010. 978-3-8273-7348-9.

Kersken, Sascha. 2009, 4. Auflage. *IT-Handbuch für Fachinformatiker.* Bonn : Galileo Press, 2009, 4. Auflage.

Koch, Wolfgang. 2008. ECM Capture. [Online] 28. 10 2008. [Zitat vom: 01. 08 2012.] http://www.project-consult.net/Files/Artikel_ECM_Capture_20081028.pdf.

Köhler-Schute, Christina. 2011. *Cloud Computing: Neue Optionen für Unternehmen.* Berlin : KS-Energy-Verlag, 2011.

Manhart, Dr. Klaus. 2008. ECM Informationsmanagement: DM-Systeme, Groupware und Co. [Online] 20. 11 2008. [Zitat vom: 01. 08 2012.] http://www.tecchannel.de/server/sql/1776155/enterprise_content_management_ecm_g roupware_dm_systeme/.

—. **2008.** ECM: Die Komponenten im Überblick. [Online] 14. 11 2008. [Zitat vom: 28. 07 2012.] http://www.tecchannel.de/server/sql/1774876/ecm_enterprise_content_management_k omponenten/.

Mark R. Gilbert, Karen M. Shegda, Kenneth Chin, Gavin Tay. 2011. Magic Quadrant for Enterprise Content Management. [Online] 13. 10 2011. [Zitat vom: 18. 08 2012.] http://www.gartner.com/technology/reprints.do?id=1-17XWR9H&ct=111108&st=sb.

Meinel, Christoph, et al. 2011. AMVirtualisierung und Cloud Computing: Konzepte, Technologiestudie, Marktübersicht. [Online] 2011. [Zitat vom: 16. Juni 2012.] http://www.hpi.uni-potsdam.de/fileadmin/hpi/source/Technische_Berichte/HPI_44_Virtualisierung_und_Cl oud_Computing_Konzepte_Technologiestudie_Marktuebersicht.pdf.

Metzger, Reitz, Villar. 2011. *CLOUD COMPUTING.* München : Carl Hanser Verlag, 2011.

Neder, Hermino. 2006. Web-Content-Management an der Universität Heidelberg. [Online] 11. 09 2006. [Zitat vom: 27. 07 2012.] http://www.urz.uni-heidelberg.de/imperia/md/content/imperiadoku/wcms_unihd.pdf.

Peter Mell, Timothy Grance, The National Institute of Standards and Technology (NIST). 2011. The NIST Definition of Cloud Computing. [Online] September 2011. [Zitat vom: 14. Juni 2012.] http://csrc.nist.gov/publications/nistpubs/800-145/SP800-145.pdf.

Plötner, Johannes und Wendzel, Steffen. 2007. *Netzwerk-Sicherheit.* Bonn : Galileo Press, 2. Auflage, 2007. 978-3-89842-828-6.

Prof. Dr. Stefan Otto Sorg, Dr. Martin Bartonitz, Sascha Windisch. 2009. *WEGWEISER FÜR MANAGER: DAS PAPIERARME BÜRO.* Berlin : Saperion AG, 2009. 978-3000266720.

PROJECT CONSULT. 2010. ECM – eine kleine Geschichte. [Online] 18. 10 2010. [Zitat vom: 13. 08 2012.] http://www.project-consult.de/ecm/in_der_diskussion/ecm_%E2%80%93_eine_kleine_geschichte.

Reichert, Manfred und Stoll, Dietmar. 2004. Komposition, Choreograhpie und Orchestrierung von Web Services – Ein Überblick. [Online] 2004. [Zitat vom: 16. Juni 2012.] http://dbis.eprints.uni-ulm.de/164/1/ReSt04.pdf.

Riggert, Wolfgang. 2009. *ECM - Enterprise Content Management.* Wiesbaden : GWV Fachverlage GmbH, 2009. 978-3-8348-0841-7.

salesforce.com. 2012. Über salesforce.com - das Enterprise Cloud Unternehmen - Salesforce.com Deutschland:. [Online] Juni 2012. [Zitat vom: 19. Juni 2012.] http://www.salesforce.com/de/company/.

SAP AG. 2012. Welcome to SAP Cloud, On-Demand Solutions from SAP. [Online] Juni 2012. [Zitat vom: 19. Juni 2012.] http://www.ondemand.com/.

Schön, Dr. Eckhardt. 2003. XML-Grundlagen. [Online] 26. 02 2003. [Zitat vom: 28. 07 2012.] http://www.eckhardt-schoen.de/res/Beruf/xmlgrundlagen_20030226.pdf.

Schweiggert, Prof. F. und Ulm, Universität. 2004. Web Services. [Online] 2004. [Zitat vom: 16. Juni 2012.] http://www.mathematik.uni-ulm.de/sai/ss04/internet/bako.pdf.

Toby Wolpe, Jan Kaden. 2009. Analysten von Gartner definieren Cloud Computing neu. [Online] 25. Juni 2009. [Zitat vom: 14. Juni 2012.]

http://www.zdnet.de/news/41005782/analysten-von-gartner-definieren-cloud-computing-neu.htm.

Trovarit AG. 2011. Enterprise Content Management (ECM) & Cloud Computing. [Online] 12 2011. http://www.trovarit.com/studien/ecm-aus-der-cloud.html.

T-Systems. White Paper Cloud Computing I. [Online] [Zitat vom: 14. Juni 2012.] http://www.t-systems.de/tsip/servlet/contentblob/t-systems-2012.de/de/752894_2/blobBinary/WhitePaper_Cloud-Computing-I-ps.pdf?ts_layoutId=773284.

Ulrich, Kampffmeyer und Barbara, Merkel. 1997. Grundlagen des Dokumenten-Management: Einsatzgebiete, Technologien, Trends. Wiesbaden : Gabler, 1997.

Watson, Richard. 2011. Gartner: Fünf Wege führen in die Cloud. [Online] 17. 05 2011. [Zitat vom: 16. 08 2012.] http://business.chip.de/news/Gartner-Fuenf-Wege-fuehren-in-die-Cloud_49044979.html.

Wei-Dong (Jackie) Zhu, Nicholas Buchanan, Michael Oland, Thorsten Poggensee, Pablo E Romero, Chuck Snow, Margaret Worel. 2011. IBM FileNet P8 Platform and Architecture. [Online] IBM, 04 2011. [Zitat vom: 10. 08 2012.] http://www.redbooks.ibm.com/abstracts/sg247667.html.

Weintraub, Alan. 2011. The Forrester Wave™: Enterprise Content Management, Q4 2011. [Online] 01. 11 2011. http://www.forrester.com/rb/go?docid=59991&oid=1-JYEUXG&action=5.

www.ingramcontent.com/pod-product-compliance
Lightning Source LLC
Chambersburg PA
CBHW031230050326
40689CB00009B/1537

9 7 8 3 6 5 6 3 2 5 9 3 2